중세의 재발견

중세의 재발견

현대를 비추어 보는 사상과 문화의 거울

박승찬 지음

도서출판 길

중세의 재발견

현대를 비추어 보는 사상과 문화의 거울

2017년 12월   5일 제1판 제1쇄 발행
2018년   7월 10일 제1판 제2쇄 발행

2020년   3월   5일 제1판 제3쇄 인쇄
2020년   3월 10일 제1판 제3쇄 발행

지은이 | 박승찬
펴낸이 | 박우정

기획 | 이승우
편집 | 김춘길
전산 | 한향림

펴낸곳 | 도서출판 길
주소 | 06032 서울 강남구 도산대로 25길 16 우리빌딩 201호
전화 | 02) 595-3153   팩스 | 02) 595-3165
등록 | 1997년 6월 17일 제113호

ISBN: 978-89-6445-150-2 03193300

중세는 암흑의 시대인가

2016년 2월 19일, 이탈리아 출신의 베스트셀러 작가이자 철학자인 움베르토 에코Umberto Eco, 1932~2016가 세상을 떠났다. 그러나 그는 우리에게 『중세』 시리즈라는 4,000쪽이 넘는 방대한 분량의 '중세 대백과'를 편집하여 남겨주었다. 에코는 자신이 직접 쓴 「서문」에서 중세의 중요성을 강조하기보다는 특이하게도 중세에 대한 오해와 편견을 깨는 방식을 취하고 있다. 예를 들어 '중세는 한 세기가 아니다' '중세는 어둠의 시대 혹은 암흑기가 아니다' '중세는 고전 문화를 무시하지 않았다' '중세만이 화형의 불꽃을 타오르게 한 시대가 아니다' 등이 그러하다. 이러한 정보를 접하고 의아함을 느낄 수도 있다. 그렇다면 우리가 흔히 '중세는 암흑기'라고 알고 있던 것은 완전히 잘못된 것인가?

나는 1988년부터 1998년까지 독일에서 중세 철학을 공부하고 귀국한 이후 학계의 변화를 보고 놀랐다. 과거와는 비교할 수 없을 정도로 중세의 역사와 사상에 대한 책과 논문들이 쏟아져 나오는 것이었다. 그렇지만 거의 모든 분야에서 비민주적이거나 비이성적인 일들이 벌어지면, 여전히 '마치 중세 암흑기와 같다'라는 표현이 널리 사용되고 있다. 그래서 이 책에서는 독자들이 중세의 다양한 모습을 접하고, 중세와 관련된 많은 편견과 오해에서 벗어나 스스로 평가할 수 있는 기회를 제공하고자 한다. 글을 시작하기에 앞서 위에서 언급된 편견들 가운데 몇 가지는 간단한 설명이 필요하다.

먼저, 중세에 대한 다양한 편견들을 한마디로 요약한 것이 바로 '암흑의 시대'라는 표현이다. 이 표현으로 인해 사람들은 일반적으로 끝없는 공포, 광신주의와 이교異教에 대한 편협성, 역병, 빈곤과 대량 학살로 대표되는 문화적·물질적으로 쇠퇴한 시대를 떠올릴 수 있다. 또는 교회의 권위가 인간의 이성을 속박하고 뛰어난 학자들이 쓸모없는 신학 연구에 틀어박힐 수밖에 없었던 '지성적 불모'의 시대를 떠올릴 수도 있다. 한때 이러한 편견에 따라 중세 철학을 아예 생략하는 것을 당연시했다. 플라톤과 아리스토텔레스로 대표되는 고대 철학에서 사변 이성이 다시 자유를 누리기 시작한 데카르트 이후의 근대 철학으로 건너뛰었던 것이다. 그러나 현재 일반적으로 인정되는 연구들에 따르면, 결코 중세 전체를 암흑기라 부를 수 없다. 굳이 그 표현을 사용한다면, 서로마 제국의 멸망(476)과 카를 대제의 문예부흥(800년경) 사이에 있었던 시기만을 그렇게 부를 수 있을 뿐이다. 그렇다면 이러한 편견은 왜 우리에게 상식으로 통하게 되었을까?

중세에 대한 편견의 직접적인 원인은 중세와 근대 사이에 놓인 르네상스 시대의 '인본주의자'들에게 있었다. 그들이 체험했던 15세기 이후 쇠퇴한 스콜라 철학에서는 지나치게 세분된 개념들에 관한 논쟁들이 오히려 학문의 중요한 발전을 방해하고 있었다. 이를 체험했던 인본주의자들은 중세 사상과 문화를 전면적으로 거부하고 자신들을 고대 사상의 직접적인 계승자로 자처했다. 또한 근대 과학이 발전하면서 새롭게 개발된 실험 방법은 중세 자연학 이론들의 많은 오류를 밝혀냈다. 이를 토대로 중세의 자연관에 대해 대대적인 비판이 가해졌다. 이렇게 근대 과학의 발전은 중세에 대한 편견을 더욱 가속화했고, 이는 19세기 중반까지 이어졌다. 이러한 편견을 집대성했던 19세기 독일 역사가들의 견해가 일본의 역사가들에게 수용되었으며, 일제 강점기의 영향으로 '암흑의 시대'라는 표현이 우리나라의 교과서에까지 실리면서 중세에 대한 일반적인 통념으로 자리 잡게 되었다.

흥미롭게도 중세 사상과 문화에 대한 새로운 긍정적 평가는 중세를 강하게 비판했던 근대 사상의 문제점이 본격적으로 드러나면서 시작되었다. 데카르트부터 강조되기 시작한 인간 이성에 대한 신뢰는 헤겔의 철학에서 그 절정에 도달했지만, 이런 경향은 보편적 이성 이외의 감정, 육체, 개체들의 소중함을 무시함으로써 많은 문제점을 야기했다. 더욱이 20세기 들어 제1~2차 세계대전이라는 참상과 환경오염 및 점증하는 자연 재해 같은 새로운 위협 속에, 모든 것이 덧없으며 찰나적이라는 허무주의가 널리 퍼져나갔다. 오늘날 여러 학자들은 근대 사상이 야기한 많은 문제를 해결하기 위해 그 이전으로 되돌아가 고대 철학과 중세 철학에 대해 많은 관심을 기울이게 되었다. 더욱이 최근에 벌어진 '알파고와 이세돌의 대국'은 현대 과학기술의 발전을 유감없이 보여주었지만, 인류는 그 앞에서 엄청난 기대와 두려움을 동시에 느끼고 있다. 그렇다면 과연 인류는 새롭게 펼쳐진 이러한 기술 문명의 놀라운 가능성 앞에서 위험 요소를 어떻게 극복하고 진정한 발전으로 나아갈 것인가?

수많은 낯선 문화와 충돌하면서도 새로운 학문을 수용하면서 발전해갔던 중세는 이 질문에 대해 매우 많은 성찰의 단서를 줄 수 있다. 중세인들은 그리스도교와의 만남에서 얻게 된 통일과 질서에 대한 열망 안에서 고대 그리스의 소수 엘리트들이 논했던 다양한 주제들을 양적으로 나 질적으로 발전시킬 수 있었다. 특히 중세의 문화는 과거의 연구처럼 서유럽에 제한된 것이 아니라 서로마 제국이 멸망한 뒤에도 1,000년 동안 찬란히 꽃피운 비잔틴의 문화와도 지속적으로 교류하며 발전해갔다. 또한 중세 스콜라 철학은 아랍 문화를 거쳐 다시 소개된 아리스토텔레스와 다른 그리스 사상가들의 저작을 받아들임으로써 최고의 융성기를 누리게 되었다. 중세인들은 통일과 질서를 추구하면서도 저마다 서로 뚜렷이 구별되는 독특한 개성을 지닌 사상을 전개했다. 이렇게 중세는 결코 획일화된 무채색의 세계가 아니라 각각의 다양한 생각이 열띤 토론과 논쟁을 통해 뚜렷하게 자신의 색깔을 드러내는 다채로운 세계였다.

중세의 다양성은 시대적인 변화 안에서도 뚜렷하게 나타난다. 중세는 17세기처럼 한 세기이거나 르네상스처럼 눈에 띄는 특징을 가진 짧은 시기가 아니다. 더욱이 중세의 시기 자체가 철학, 역사, 경제, 정치 등의 각 분야에 따라 다양하게 규정될 수 있다. 역사학계에서는 일반적으로 서로마 제국의 멸망(476)을 고대의 종말로 보고 아메리카 대륙이 발견되고 무어인들이 에스파냐에서 추방된 해(1492)까지 1,016년 동안의 긴 세월을 중세로 본다. 그러나 중세 철학사를 다룬 대부분의 책들은 그리스도교와의 사상적 연관성 때문에 교부철학의 시작(2세기)부터 마르틴 루터의 종교개혁(1517)에 걸쳐 발달한 서양 철학의 흐름 전체를 다루는 것이 일반적이다. 이 책에서는 역사학계의 일반적인 견해에 따라 5~15세기까지의 중세를 그 중심으로 다루면서도 이를 이해하기 위한 준비과정으로 그리스도교가 서구 문화의 중심으로 등장하는 시기에 대한 간략한 안내도 제시할 것이다.

중세는 그 긴 시간만큼 4계절의 다양한 변화를 겪었다. 예를 들어 아직 정립되지 않은 다양한 이론이 난무했던 그리스도교의 초창기를 거쳐 아우구스티누스가 종합한 거대한 사상 체계가 본격적인 꽃을 피우기 위해서는 9세기까지의 추운 겨울을 지내야 했다. 일부 학자가 중세의 시작으로 삼는 카를 대제의 문예부흥(800년경)과 함께 다가온 스콜라 철학의 봄은 다양한 학문 방법론의 개발을 통해 본격적인 발전을 준비했다. 그 결과 12세기에 아리스토텔레스의 재발견을 통해 맞게 된 스콜라 철학의 융성기(13세기)는 고대 그리스 철학의 황금기와 비견될 수 있는 놀라운 사상적인 발전을 이룩함으로써 가장 생산적인 활동을 하는 여름에 비할 수 있는 시기였다. 그러나 아쉽게도 이런 발전은 오래 지속되지 못했고, 14세기 들어 시작된 자연 재해와 인간이 저지른 무질서들로 말미암아 찬란했던 중세의 전성기는 새로운 시대의 도래를 고대하는 가을로 접어들고 말았다.

중세는 '암흑의 시대'라는 판단이 근대 이후 학자들의 오해로부터 유래했다고 하더라도 500년 이상 지난 중세 사상이 21세기를 살아가는 현대인들에게 과연 어떤 의미를 줄 수 있을지에 대해 의문을 가질 수는 있다. 다양한 중세 철학은 이성적인 탐구의 측면에서도 다른 시대에 뒤떨어지지 않으며, 포괄적이고 체계적인 전망을 제시하고 있다. 따라서 인류가 도달할 수 있는 가장 이상적인 가치를 찾기 위해 경건하게 노력했던 중세 철학자들의 노력과 성과들이 '헬조선'이라 불리며 절망의 상징이 된 한국 사회에서 삶의 의미를 찾고자 노력하는 이들에게도 사유의 단서를 줄 수 있을 것이다.

이 책에서는 에코의 『바우돌리노』라는 소설처럼 저기 동쪽 어디엔가 있는 황금으로 가득 찬 '요한 사제 왕국' 같은 것을 찾아 중세로 떠나자는 유혹을 목적으로 삼지는 않는다. 단순히 중세를 이상화하는 것만으로는 너무나 다른 상황에 부딪힌 현대인들이 의미를 찾기 어려울 수 있기 때문이다. 그럼에도 비판적 관점을 지닌 독자들에게 그 관점을 유지한 채 무려 1,000년이 넘는 긴 시간 안에 곳곳에 숨겨져 있는 보화들을 함께 찾아 떠나는 여행에 동참하도록 초대하고 싶다. 물론 그 과정 속에서 정말로 암흑기라고 불릴 만한 어둠과 야만도 만나게 될 것이다. 그럴 때 "과연 우리의 시대는 중세의 그 어둠과 야만을 얼마나 극복했는가"라는 질문을 함께 던져보면 어떨까?

2017년 9월
박승찬

차례

제2부 어둠 속에 비치는 서광: 5~10세기

제3부 스콜라 철학의 태동과 문화의 도약: 11~12세기

제1부

고대 그리스 – 로마 문화를 계승한 중세

"어둠이 빛을 이긴 적 없다"

권력 횡포 속 커지는 희망

　국가 권력이 힘없는 국민을 유린하는 일은 역사에서 종종 일어났으며, 오늘날에도 지속적으로 벌어지고 있다. 그런데 중세처럼 오랜 기간에 걸쳐 일어난 변화를 탐구하다 보면, 현대 사회에서 일어나는 일들을 이미 체험한 것과 같은 데자뷔既視感 현상에 빠질 때가 있다.

　중세는 고대 그리스-로마 문화와 그리스도교가 만나는 양수리와 같은 지점에서 태동했다. 바로 그 첫 만남은 국가 권력이 식민지에서 발생한 작은 신흥 종교 집단을 유린하는 것으로 시작되었다. 그 지도자인 나자렛 사람 예수를 십자가형에 처한 것은 논외로 하더라도 로마 제국은 새롭게 자라나는 어린 그리스도교를 무자비하게 박해했다. 본격적인 박해의 발단은 64년 네로 황제Nero, 37~68 시대에 일어난 로마의 대화재였다. 과연 전설에서 전해지는 것처럼 네로가 자신의 도시 계획을 실현하기 위해 의도적으로 불을 질렀는지에 대해서는 역사가들 사이에 의견이

네로 황제 하면 흔히 '폭군'을 연상하지만, 철학자이자 정치가인 세네카(Seneca)의 보좌를 받은 통
치 기간 동안에 로마 문화는 융성했다고 전해진다. 다만 서기 55년부터 의붓동생과 모친, 그리고
부인 옥타비아를 독살 내지 살해함으로써 악명을 얻기 시작했다. 세네카도 결국 반역 혐의로 죽음
에 이르게 했다.
헨리크 시에미라즈키(Henryk Siemiradzki, 1843∼1902)의 「네로의 여흥」(1876)

통일되지 않는다. 그러나 하루아침에 모든 것을 잃은 로마인들의 분노는
제대로 소방 업무를 수행하지 못하고 로마시의 절반 이상이 소실되게
한 네로에게로 향했다. 무자비한 폭군이자 교활했던 네로는 엄청난 군중
의 분노가 무력으로 진압할 수 있는 단계를 지났다는 사실을 간파했다.
그는 유대인들의 문화로부터 시작되었으면서도 종교적 이념의 차이로
미움을 받았던 그리스도교라는 집단을 '속죄양'Sündenbock으로 선택했다.
속죄양이란 유대인들이 자신들의 죄를 씻기 위해 모든 죄를 양이나 염
소에게 씌우는 예식을 한 후에 광야로 보내 대신 희생제물로 바치는 관
습이었다. 그리스도교인들의 방화로 대화재가 일어났다는 소문을 흘리
자 군중은 자신들의 분노를 그리스도교인에게 퍼부었다. 맹수와 검투사
에 의해 무자비하게 살해되는 그리스도교인을 구경하게 함으로써 분노

서기 64년에 발생한 화재로 화려했던 로마시는 황폐화되었다. 네로가 방화범이라는 주장은 고대 학자인 수에토니우스(Suetonius)와 카시우스 디오(Cassius Dio)의 글에 등장하지만, 후대의 역사가들에 의해 이는 사실이 아닌 것으로 밝혀졌다.
위베르 로베르(Hubert Robert, 1733~1808)의 「로마 대화재」(1785)

나 복수에 굶주린 로마인의 손으로부터 네로는 일단 벗어날 수 있었다. 그러나 네로는 손바닥으로 하늘을 가릴 수 없듯이 자신이 저지른 폭정의 결과로 결국 처참한 최후를 맞이했다.

폭군 네로와 속죄양이 된 그리스도인

'속죄양'이 되어버린 그리스도교인에게는 비윤리적인 행위에 대한 사회적 비난까지 덧붙여졌다. 즉 그리스도교의 성찬례에서 그리스도의 몸과 피를 상징하는 성체와 성혈을 먹고 마시는 행위는 '식인의 풍습'을 지니고 있는 것으로 의심을 받았다. 또한 박해 중에 신앙을 보존하기 위해 그리스도교인들끼리 결혼하던 관습과 신자들 사이에 통용되던 '형제'와 '자매'라는 칭호가 오해되어 그리스도교 내에서 '근친상간'이 벌어진다는 비난도 등장했다. 더 나아가 다신교를 믿었던 로마인들이 새롭게 점령한 지역의 신들을 자신들이 공경해야 할 신들의 목록에 받아들이는 것은 어려운 일이 아니었다. 그러나 유일신 사상에 뿌리를 둔 그리스도교는 로마인들이 강요했던 여러 신에 대한 숭배를 거부했다. 이러한 태도는 황제가 국가 종교의 수장 역할도 맡고 있던 로마 제국에서 국가의 권위를 인정하지 않는 위험한 것으로 해석되었다.

그런데 이러한 국가 권력과 사회의 억압에도 그리스도교인의 수는 줄어들지 않았다. 엄격한 신분 사회에서 자유인이든 종이든, 부유하든 가난하든, 남자든 여자든 간에 관계없이 모두 하느님의 자녀라는 가르침은 억압받던 많은 이에게 진정으로 '기쁜 소식'福音, euangelion이었기 때문이다. 부활에 대한 희망을 지니고 자신이 선포하던 신앙을 지킨 순교자들이 보여준 의연함은 점차 로마 상류층의 여성들을 감화시켰고, 그녀들의 영향을 받은 귀족 남성 가운데서도 그리스도교를 믿는 이가 늘어났다.

그리스도교가 로마 제국의 핵심층에까지 파고들자, 로마의 지식인들은 새로운 '사이비 종교'를 막아내기 위해서 이론적으로 반박하기 시작했다. 예를 들어 로마 문명에 대해 커다란 자부심을 가지고 있던 켈수스Celsus, 2세기는 '그리스도가 사기꾼이고 마술가'였으며, 그리스도의 부활 신화는 사도들이 단지 날조한 것이라고 주장했다. 그는 더욱이 사회적으로 가난한 하층민들을 신자로 포섭하는 그리스도교를 경멸했다.

"이처럼 어리석고 무식한 자만이 하느님을 받아들일 자격이 있다고 말하는 것 자체가 그들이 어리석고 멍청하다는 증거가 아닌가? 그들은 바보와 무식쟁이, 노예와 여자와 어린이들만을 유혹한다."

더욱이 켈수스는 몇몇 그리스도교인들이 믿음만으로 구원받는다고 생각하는 것도 조롱했다.

"몇 사람은 그들이 믿는 것에 관해 해명하려고도 않고 해명을 요구하려고도 하지 않는다. 그들은 '파헤치지 말고 믿으시오.' 그리고 '당신 믿음이 당신을 구원할 것입니다.' …… '현세 생활에서 지혜는 악이고 어리석음은 선입니다'는 표현을 사용한다."

당시 그리스도교인은 켈수스 같은 사람의 비난에 결코 당황하지 않았다. 그리스도교 선교사는 한편으로 거리낌없이 비권위적으로 행동하며, 사회에서 억압받던 이들과 더욱 마음을 터놓고 이야기했다. 다른 한편으로는 그리스도교 전체가 무식한 이들을 속이는 사기로 취급되고 윤리적 지탄의 대상이 되는 것에 침묵할 수 없었다.

그리스도교를 로마인들의 비난으로부터 지켜내기 위해 등장한 학자들을 후대 사람들은 '호교론자'護教論者라고 불렀다. 이들에게는 초기에 그리스-로마 문화의 용어를 통해서 그리스도교를 선포했던 바오로 사도라는 선구자가 있었다. 그의 모범에 따라 유스티누스 Justinus, 100~64와 같은 호교론자는 자신이 개종하기 전에 공부했던 스토아, 아리스토텔레스, 피타고라스, 플라톤 등의 사상을 이용해 그리스도교를 열정적으로 옹호했다. 자신들이 국가의 전복을 꿈꾸기는커녕 진정한 평화를 갈망하고 있다는 사실과 어느 종교보다도 윤리적인 생활을 한다는 사실을 빼어난 연설과 글로 표현했다. 처음에는 자기 종교의 생존을 위해서 그리스-로마 문화의 용어를 사용했지만, 이러한 태도가 수준 높은 이들의 전교傳敎에도 효과적이라는 점이 드러났다. 팔레스티나의 농경문화의 용어와 비유로 기록된 성경을 로마와 같은 대도시에 적합한 용어와 예로 표현하는 것은 호교론자들의 주된 사명이 되었다.

그러나 이러한 수용은 긍정적인 측면만이 아니라 부정적인 측면도 있다는 것이 곧 드러났다. 당시의 유행하던 여러 철학 사상들이 무분별하게 수용되는 과정에서 영지주의, 마르치온주의, 마니교 등의 다양한 이단이 생겨난 것이다. 이들은 매우 다양하면서도 선의 원리인 정신과 악의 원리인 물질 사이의 충돌, 인간의 이성적 기준에 부합하지 않는 성경, 특히 구약성경을 부정하고 과도하게 금욕주의적인 경향을 띠었다. 아직 교리가 충분히 정립되지 않았던 그리스도교에는 외적인 박해보다 내부에서의 갈등이 더 큰 혼란을 야기했다.

"나는 불합리하기 때문에 믿는다"

그리스-로마 문화의 수용이 큰 부작용을 나타내자, 신앙의 순수성을 지키기 위해 철학을 그리스도교의 설명에 활용하는 것을 일절 거부하는 경향이 나타났다. 순교자들의 전통이 살아 있던 아프리카 북부에서 활동했던 테르툴리아누스Tertullianus, 150?~240?가 그 대표자이다. 그는 "나는 불합리하기 때문에 믿는다"Credo, quia absurdum est라고 주장하면서 그리스도교 신앙은 이성적 논변을 통해 증명될 수 없다고 주장했다.

"하느님의 아들이 십자가에 못 박히셨다는 사실은 부끄러워할 일이기 때문에 나는 그것을 부끄럽게 여기지 않는다. 하느님의 아들이 죽으셨다는 사실은 어리석은 일이기 때문에 믿을 만한 것이다. 묻히신 분이 부활하셨다는 사실은 불가능한 일이기 때문에 확실한 것이다."(『그리스도의 육신론』)

그는 더 나아가 그리스 철학을 이용해서 그리스도교 신앙을 설명하려는 행위 자체를 거부했다. 그는 그리스도교인에게는 신앙과 그리스도의 지혜만으로 충분하다고 주장했다. 그에게 철학이란 진리를 가르칠 능력이 없는 순전히 인간적인 지혜만 대변할 뿐이기 때문이다. 따라서 테르툴리아누스는 그리스 철학을 이용해서 그리스도교를 설명하려는 일체의 계획에 대해 강력하게 반대한다.

"아테네와 예루살렘 사이에 공통으로 존재하는 것은 무엇인가? 이교도들과 그리스도교도들 사이에 공통으로 존재하는 것은 무엇인가? …… '스토아적' '플라톤적' 또는 '변증법적'인 그리스도교의 모든 계획을 파괴시켜라! 예수 그리스도를 위하여 우리들은 어떤 미묘한 이론도 원하지 않으며, 복음을 위하여 우리는 어떤 날카로운 탐구도 원하지 않는다."(『이단자들에 대한 항고』)

그러나 테르툴리아누스 자신은 반박하기 위해서라도 그리스 철학에 대한 해박한 지식을 지니고 있었다. 더욱이 그는 그리스도교의 핵심 교리인 삼위일체론을 설명하기 위해 철학 용어들을 풍부하게 사용함으로써 자신의 주장을 일관되게 행동에 옮기지 못했다. 또한 이렇게 소극적인 방어 태세만으로 로마 지식인들의 공격을 막아낼 수는 없었다.

이제 그리스도교가 공동체의 성장기에 접어들면서 선교에 성공하려면 자신에 가해진 비판에 어떤 식으로든 지성적 차원에서도 충분한 답변을 제시해야 했다. 이를 위해 로마인의 사상과 언어를 이용해서 그리스도교를 설명할 필요성이 생겨났다. 이 사명을 떠맡은 학자들의 거점은 파로스의 등대와 지중해에서 가장 큰 도서관으로 유명했던 그리스 철학 연구의 중심지로 헬레니즘을 발전시킨 알렉산드로스 대왕Alexandros, 기원전 356~323에 의해 설립된 알렉산드리아Alexandria였다. 이곳에서는 이미 기원전에 히브리어로 쓰인 구약성경이 그리스어(70인역, 셉투아진타＝LXX)로 번역된 적도 있기 때문에 종교와 철학 사이의 만남에 매우 열려 있었다. 이곳에서 활동했던 '알렉산드리아학파'의 대표자인 클레멘스Clemens Alexandrinus, 150?~215?와 오리게네스Origenes, 185?~254?는 그리스 철학을 수용해서 그리스도교를 설명하는 데 누구보다도 적극적이었다. 초기에 그리스 호교론자들이 자신들의 신앙을 지키기 위해 수사학, 법학, 철학의 기술들을 사용했던 것처럼 클레멘스는 철학자들에게서 발견되는 모든 진리는 부분적으로 신적인 지혜를 나누어 받은 것이라는 사실을 증명하려 했다. 그에게서 철학은 악마의 발명품이 아니라 선한 신의 섭리에 의해 주어진 선물이다. 그리스 사람들은 이 선물에 의해, 유대인들이 구약성서에 의해 했던 바와 마찬가지로 그리스도를 준비하지 않으면 안 되었다.

오리게네스, 그리스도교 신학의 학문 체계를 수립

그의 정신을 계승한 오리게네스는 박해로 아버지를 잃었고 성인이 되

오리게네스. 그는 그리스 철학, 특히 플라톤주의에서 널리 활용되었던 '영적인 해석'을 성경에 적용하여 그리스도의 신성(神性)을 논증했다.

자 순교한 아버지의 모범을 따르려 했다. 그러나 장남까지 잃고 싶지 않았던 어머니는 그의 옷을 숨겨 집 밖에 나가지 못하게 했다. 어린 동생들을 돌보는 책임을 자각하게 되면서 그의 열정은 그리스도교에 대한 이론적인 연구로 옮아갔다. 뛰어난 지적 재능을 지닌 오리게네스는 젊은 나이에 '알렉산드리아 교리학교'의 교장이 되어 감동적인 강의와 저술로 그리스도교 최고의 사상가로 명성을 떨쳤다. 그는 처음에는 켈수스 등의 왜곡된 비난을 철저한 무관심으로 극복할 수 있다고 생각했다. 그러나 마침내 "그리스도에 대한 신앙을 아직도 전혀 맛보지 못했거나 바울로 사도의 말대로 신앙이 약한 사람들"(「로마서」 14:1)을 위해 가장 강력한 반박서인 『켈수스 반박』을 저술했다.

'그리스도는 사기꾼이자 마술가'라고 힐난하면서 그리스도교를 비판한 켈수스.

켈수스는 성경의 모순들을 지적하며 "이른바 자기 제자 일당에게 배신당해 붙잡힌 그 사람을 어떻게 하느님이라고 불러야 한다는 말인가" 등의 질문을 퍼부었다. 오리게네스는 이에 답변하기 위해 유대교에서 그리스도교가 유래하게 된 경위에서 시작해 그리스도와 그리스의 영웅 숭배 및 제신 숭배를 비교했다. 이어서 그리스도교 신앙의 특징을 그리스 철학의 용어를 통해 설명했다.

"이스라엘 자손들이 이집트에서 탈출할 때 그 나라의 금과 은으로 된 도구들을 가지고 나왔던 것과 마찬가지로, 신앙도 세속적인 학문과 철학을 가지고 있지 않으면 안 된다."

오리게네스는 플라톤주의에서 널리 활용되었던 '영적인 해석'을 성경에 적용함으로써 그리스도의 신성神性을 논증했다. 『원리론』에서 그가 보여준 영적 해석의 놀라운 창의성과 『헥사플라』(6중역본)에서 보여준 철저한 비판 정신의 조화는 이후의 모든 성경 해석의 귀감이 되었다. 오리게네스는 누구보다도 열성적으로 탐구했지만, 결코 최종 목적지에는 도달하지 못했다. 오리게네스는 자주 플라톤주의를 비롯한 당대의 철학 체계에 지나치게 의존했기 때문에 정통파 신앙과 일치되지 않은 점을 주장했고, 그의 사후에도 오랫동안 지속될 논쟁의 씨앗을 뿌렸다. 그럼에도 그는 많은 제자들과 적대자들이 그의 이론을 토대로 더욱 진리에 다가갈 수 있도록 그리스도교 신학의 학문 체계를 처음으로 수립했다.

　막강했던 로마 제국의 권력은 갓 태어난 그리스도교를 금세 없애버릴 것 같았다. 그러나 진리에 대한 열망을 지니고 있던 이들을 모두 침묵하게 만들 수는 없었다. 오히려 극단적인 억압에도 자신의 신념을 위해 희생하는 이의 고귀한 모습은 바라보는 이의 마음 깊은 곳에 반향을 불러일으켰다. 자신들이 지닌 신앙에 대한 확신, 죽음보다 강한 희망, 실천 속에 드러난 놀라운 형제애는 국가 권력의 무자비한 박해 앞에서도 그리스도교를 지속시켜 주었다. 국가의 폭력과 보수적 귀족의 비난으로부터 그리스도교인이 추구하는 진리를 지켜내기 위해서는 오리게네스 같은 학자의 변론과 이론적인 체계화는 반드시 필요한 방어벽이었다.

　오늘날에도 여전히 진실을 알고자 하는 시민을 무력으로 억누르거나, 이미 권력에 무릎을 꿇은 언론을 이용하여 부끄러운 사실을 덮으려는 일이 계속 발생하고 있다. 이런 때 초기 그리스도교인이 박해 앞에서도 굴하지 않고 보여준 확신은 새로운 희망의 원천이 되고 있다. "어둠이 빛

을 이긴 적이 없다."(「요한복음」 1:5)

그러나 그 이후 양적으로나 질적으로 성장한 그리스도교는 이제 거대한 로마 제국 안에서 억압받는 이를 위한 종교로 남을지 아니면 황제가 내미는 손을 잡을지 자신의 운명을 결정해야 했다. 그들은 과연 어떤 결정을 내렸을까?

ch 2

로마 제국을 통일하고
종교의 자유를 선포한 콘스탄티누스 대제

"헬조선을 떠나고 싶다." 요즈음 들어 주변에서 자주 듣는 푸념이다. 전에는 주로 학생들을 입시지옥으로 몰아넣는 교육 제도 때문에 이런 탄성이 터져 나왔다. 최근에는 '삼포'와 '오포'를 넘어 'N포' 세대를 양산하는 취업 절벽과 정치에 대한 환멸이 '헬조선'을 만드는 주요 원인으로 꼽힌다. 변할 것 같지 않은 우리나라에 대한 실망감은 충분히 공감이 간다. 그렇지만 유학 기간을 포함해 10년 넘게 외국 생활을 한 나에게는 여전히 의문이 남는다. 과연 자기 국가를 버리고 탈출한 국민을 반겨줄 나라가 있을까?

　극심하게 박해받던 초기 그리스도교인들도 '평화로운 세상'에서 살고 싶은 욕구가 매우 컸으리라. 하지만 그들이 피신할 땅은 현실적으로 존재하지 않았다. 박해의 주범인 로마 제국이 지중해 연안, 즉 당시 세계

29

전체를 점령하고 있었기 때문이다. 300년 가까이 박해가 지속되면서 그리스도교인들이 '이 세상'에서는 더 이상 평화를 기대할 수 없게 되었을 때 놀라운 변화가 일어났다. "그리스도교인들은 이제부터 자유롭게 자신의 종교를 믿어도 된다"라는 복음이 들려온 것이다. 이러한 칙령을 선포한 사람은 바로 콘스탄티누스 대제Contantinus Magnus, 약 272~337였다. 콘스탄티누스 대제, 그는 누구일까.

콘스탄티누스의 불우한 어린 시절

콘스탄티누스는 로마의 장군 플라비우스 발레리우스 콘스탄티우스Flavius Valerius Constantius, 250?~306의 아들로 태어났다. 그 당시 로마 제국은 광대한 영토를 4개 지역으로 나누어 2명의 황제와 2명의 부황제가 다스리는 4분령四分領 체제였다. 콘스탄티우스는 젊은 장교 시절 소아시아에 주둔했을 때 헬레나Helena라는 여성에게 반했다. 건강하고 발랄한 헬레나는 여관집 딸로, 콘스탄티우스의 열정적인 구애를 받아들였고 아들 콘스탄티누스를 낳았다. 어머니의 사랑을 받으며 자라던 콘스탄티누스의 행복은 아이러니하게도 아버지의 뛰어난 능력 때문에 끝이 났다. 당시 서로마의 황제 막시미아누스Maximianus는 무수한 전공戰功을 세우고 개선한 콘스탄티우스 장군을 자기 딸 테오도라Theodora와 결혼시키고자 했던 것이다. 황제는 결혼 조건으로 콘스탄티우스에게 헬레나와의 사실혼 관계를 정산할 것을 요구했다. 결국 콘스탄티우스는 헬레나를 고향으로 돌려보내고 황제의 부마가 되어 갈리아와 브리타니아를 포함하는 지역의 부황제 자리에 올랐다. 그러고 나서 동로마의 황제 디오클레티아누스Diocletianus를 안심시키기 위해 어린 아들 콘스탄티누스까지 정치적 볼모로 보냈다. 이런 상황에 처해서도 콘스탄티누스는 상심하기보다 자신의 정치적 역량을 키울 기회로 삼았다. 그는 계속되는 전쟁에서 디오클레티아누스 황제를 도와 승리를 거두며 명성을 얻었던 것이다. 그뿐 아니라 황궁 주변에서 일어나는 정치적 암투와 권모술수까지 철저히 파악했다.

그리스도교를 공인한 콘스탄티누스 대제. 그는 최초의 그리스도교인 로마 군주로 313년 밀라노 칙령을 발표, 박해를 끝내고 그리스도교를 공인하였다.

부황제가 된 콘스탄티누스의 원대한 꿈

아버지 콘스탄티우스 부황제가 사망하자 콘스탄티누스는 그 뒤를 이어 갈리아 지역의 부황제가 되었다. 젊은 콘스탄티누스는 인품, 외모, 체력, 키 등 모든 면에서 남들을 압도했다. 더욱이 다양한 경험을 지닌 정예 부대를 거느린 그는 갈리아 지역에서 벌어진 전투에서 연이어 승리했다. 또한 뛰어난 행정력으로 갈리아 지역을 재건함으로써 부하들과 국민들의 신임을 얻었다. 이와는 대조적으로 로마에 있던 막센티우스 Maxentius 정황제는 연이은 실정으로 국력을 소진하고 있었다. 4분령 체제

밀비우스 다리 전투. 312년 10월 28일, 콘스탄티누스 대제가 그리스도교의 도움으로 라바룸
(Labarum)을 사용하여 막센티우스와의 싸움에서 승리한 전투로 유명하다.
줄리오 로마노(Giulio Romano, 1499~1546)의 「밀비우스 다리 전투」(1520~24)

가 혼란에 빠지자 콘스탄티누스 부황제의 추종자들은 그가 유일한 황제
가 되어 서로마 지역 전체를 다스려 주기를 바랐다. 그리하여 오랫동안
콘스탄티누스와 동고동락했던 부하들은 그를 황제로 추대했다.

　콘스탄티누스는 무력으로 로마를 점령하고 있던 막센티우스 황제로
부터 '로마를 해방'하기 위해 전쟁을 선포했다. 그리고 자신의 정예부대

4만 명을 이끌고 놀라운 속도로 로마 근교까지 진격했다. 하지만 로마 북쪽에 있는 밀비우스 다리 저편에는 훨씬 더 많은 수의 막센티우스 군대가 진을 치고 있었다. 더욱이 수적 우세를 바탕으로 유리한 고지를 선점하기 위해 황제는 대군이 동시에 공격할 수 있도록 임시 나무다리까지 설치해 놓은 상황이었다. 용감한 콘스탄티누스였지만 그날 밤엔 깊이 잠들지 못한 채 몸을 뒤척였다. 그러던 중 꿈속에 어떤 표식이 나타났고 "너희 모든 군대가 이 표식을 달고 전쟁터로 나가라. 그러면 반드시 승리하리라"는 음성이 생생하게 들렸다. 잠에서 깬 콘스탄티누스는 꿈에서 본 표식, '라바룸'Labarum을 그렸다. 라바룸은 가운데에 글자같이 생긴 것이 있고, 그 주위에 월계관처럼 보이는 것이 둘러져 있었다. 콘스탄티누스는 멋진 연설을 통해 부하들에게 신이 자신들을 보호한다는 확신을 주고, 라바룸을 부착하도록 명령했다. 용맹하고 확신에 찬 콘스탄티누스의 군대는 막센티우스가 강제 동원한 대군을 궤멸시켰다.

종교의 자유를 선포한 밀라노 칙령(313)

전쟁에서 승리한 뒤, 그리스도교인들은 콘스탄티누스에게 라바룸의 의미를 해석해주었다. '팍스'Pax의 약자처럼 보였던 '라바룸'의 문자는 실제로는 그리스어 '크리스토스'Χριστός의 처음 두 글자였다. 그 해석을 들은 콘스탄티누스는 자신이 그리스도교 신의 가호를 받아 승리했다고 여겼다. 당시 그리스도교는 로마 사회에서 배척을 받고 있었지만, 콘스탄티누스에게는 친숙했다. 그의 어머니 헬레나가 열렬한 그리스도교인이었기 때문이다.

이런 이유로 그리스도교에 우호적이었던 콘스탄티누스는 그리스도교가 다른 측면에서도 유용하리라 생각했다. 4분령으로 나뉘어 분쟁이 그치지 않던 로마 제국을 다시 온전히 통일하기 위해서는 새로운 국가이념이 필요했던 것이다. 새 제국을 하나로 통일하려면 전통적 다신교보다는 '유일신'을 섬기는 그리스도교가 훨씬 더 적합해 보였다. 그리하여

313년에 콘스탄티누스는 '밀라노 칙령'을 통해 "그리스도교인에게도 다른 사람들처럼 각자가 선택한 종교를 믿을 수 있는 자유로운 권리를 허용"한다고 선포했다. 그리고 박해 시대에 몰수한 교회, 토지, 그 밖의 모든 소유물을 그리스도교인들에게 지체 없이 돌려주었다. 더 나아가 라테란 대성당을 비롯한 많은 교회 부지를 무상으로 제공하기도 했다. 콘스탄티누스는 이러한 종교 관용 정책을 통해 자신이 구상한 새 로마 제국의 진정한 통일을 기대했다.

콘스탄티노플의 건립과 니케아 공의회(325)

그리스도교를 통해 새로운 정신적 기반을 마련한 콘스탄티누스는 자신이 지닌 새로운 이상을 분명하게 보여줄 도시를 계획했다. 그는 밀라노 칙령을 반포한 후 로마 제국의 동쪽 절반까지 모두 점령했다. 드디어 옛 로마 제국 전체를 다스리게 된 '대제' 콘스탄티누스, 그가 보기에 로마는 지나치게 서쪽에 치우쳐 있었다. 그래서 그는 좀 더 동쪽인, 그리스 반도와 소아시아를 연결하는 보스포루스 해협 근처를 새로운 수도로 택했다. 콘스탄티누스 대제는 이전까지 누구도 상상하지 못했던 거대한 계획도시를 세웠으며, 그 도시에 자신의 이름을 붙였다. '콘스탄티누스 폴리스', 그 도시가 '콘스탄티노플'Constantinople(지금의 이스탄불)이다.

정치 안정과 문화 도약을 이룬 콘스탄티누스 대제였지만, 엄청난 제국을 아우르는 사상적 통일을 위해서는 넘어야 할 산이 남아 있었다. 그는 로마인 전체를 '하나의 제국, 하나의 황제, 하나의 신'이라는 이상으로 일치시키고자 그리스도교를 도입했는데, 그 종교가 자유를 얻자마자

콘스탄티노플 봉헌. 손에 콘스탄티노플 도시 모형을 든 콘스탄티누스 대제가 그림 한가운데에 있는 성모자에게 봉헌하는 모자이크화로 하기아 소피아 성당에 묘사되어 있다.

내분에 빠졌던 것이다. 이른바 전통적 그리스도교와 아리우스파의 충돌이었다. 전통적 그리스도교인들은 성자 예수 그리스도를 온전한 하느님이라고 믿어온 데 반해, 신플라톤주의의 영향을 받은 아리우스파에서는 그리스도를 '2급신'으로 보았다. 제국의 이념적 통일을 기대했던 콘스탄티누스 대제는 이 종교 분쟁을 최대한 빨리 해결해야 했다. 그는 이를 신속하게 해결하기 위해 325년에 새 수도 콘스탄티노플 주변에 있던 모든 중요한 교구의 주교들을 소집했다. 황제의 여름 별장이 있는 니케아Nicea에 모인 주교들은 '공의회'Concilium를 통해 함께 고백할 수 있는 핵심 교리를 합의해야 했던 것이다. 이 공의회에서 그리스도교 전통을 따르는 주교들과 새로운 아리우스의 주장을 추종하는 주교들 사이에 난상토론이 벌어졌다. 마침내 황제의 강력한 중재 아래 하나의 공통적인 신앙고백신경. Sybolum fidei이 완성되었다. 성자 그리스도는 "참 빛에서 나신 참 빛이시며, 참 하느님에게서 나신 참 하느님"이라고 선포되었다. 그러나 자신들의 의견이 수용되지 않은 아리우스파는 모든 정치적인 역량을 동원하여 니케아 공의회의 결정을 뒤집으려 했다. 결국 공의회의 결정을 옹호하는 주교들, 아리우스파 주교들, 이를 중재하려는 로마 황실 사이의 일대 혼란이 벌어졌다. 과연 공의회의 결정을 통해 콘스탄티누스 대제가 꿈꾸었던 영원한 로마를 지속시키기 위한 정신적인 토대는 마련되었을까? 안타깝게도 337년 콘스탄티누스 대제가 사망할 때 그 혼란은 극도에 달했고, 381년 콘스탄티노플 공의회가 열릴 때까지 계속되었다.

결국 콘스탄티누스 대제는 그리스도교를 이용해 자신의 정치적 구상을 실현하지는 못했다. 하지만 그는 '밀라노 칙령'을 내림으로써 그리스도교 정신이 서양 문화의 주역으로 등장하게 되는 토대를 마련했다. 그래서 지금까지도 그는 그리스도교 안에서 '13번째 사도'로 칭송받고 있다.

콘스탄티누스 대제는 분열된 로마 제국을 하나로 통일했을 뿐만 아니라 새 수도 콘스탄티노플을 건설할 만한 권력과 부도 지니고 있었다. 그렇지만 다신교를 믿는 로마인과 유일신을 믿는 그리스도교인을 하나로 일치시킬 수는 없었다. 콘스탄티누스 대제는 역사적으로 놀라운 변화의 발판을 마련했지만, 그 변화를 스스로 체험하지는 못했다. 진정한 변화를 위해서는 잘 지은 밥처럼 반드시 뜸 들이는 시간이 필요한지도 모른다. 우리나라의 현대사를 돌이켜보아도 이런 생각에 동의하게 된다. 1987년 6월, 군부 독재가 30년 가까이 지속되어 "어둠이 짙을수록 새벽이 가깝다"라는 말이 비현실적으로 느껴질 무렵에 민주항쟁이 일어났다. 이를 통해 이전에 생각할 수 없던 언론의 자유와 민주적인 투표의 기회가 주어졌다. 그러나 안타깝게도 또다시 30년이 지났건만 국민들이 꿈꾸었던 국가의 모습은 여전히 요원해 보인다. 2016년의 최순실 등 민간인을 통한 국정농단 의혹사건을 통해 박근혜 정부의 본모습이 드러나지 않았다면 권력과 언론을 모두 손에 쥐고 있는 오만한 정부가 우리나라를 유신 독재 시대로 되돌려 놓았을지도 모른다. 콘스탄티누스 대제가 밀비우스 전투 이후에 로마 제국의 대대적인 혁신을 이루었듯이, 우리도 독재 세력을 깨트린 6월 민주항쟁과 1,200만 명이 넘는 참여자가 모인 촛불집회를 바탕으로 변화를 시작해야 한다. 지금이야말로 '헬조선'을 떠날 것이 아니라 우리나라를 바꿔야 한다는 사명의식이 가장 필요한 시기가 아닌지 모른다.

삶의 체험에 기반한 가치 교육
아우구스티누스의『고백록』

　근대 이후 인간들은 자신의 능력에 대한 확신에 가득 찼다. 많은 사상가가 역사의 흐름에 따라 이성은 끊임없이 진보하며 모든 행복과 자유를 성취하리라고 보는 '합리주의적 낙관주의'를 주장했다. 그렇지만 이러한 낙관적인 기대감은 20세기에 들어서며 체험했던 가공할 결과를 통해 처참하게 무너졌다. 제1, 2차 세계대전이란 엄청난 참상 앞에서 인간들은 근본적으로 이성 중심의 근대적 사고가 인간에게 점점 더 행복을 가져다주리라는 기대를 포기할 수밖에 없었다. 더욱이 물질적인 풍요와 편의를 제공하던 과학과 산업의 발전이 환경오염을 비롯해서 전 지구적인 위기를 가져오자 이성에 대한 의심은 더욱 강해졌다. 20세기 전반기를 특징지어 온 이러한 실망과 의심을 통해서 허무주의는 점차 확산되었다. 허무주의에 따르면, 인생은 덧없이 지나가고 찰나적이기 때문에 의미있는 일을 위한 결정적인 투신이란 더 이상 가능하지 않다. 이러한 허무주의가 가져온 절망의 유혹이 21세기에 접어든 우리를 무섭도록 위협하고 있다. 허무주의와 세속적 행복에 대한 집착만이 남은 현대 사회에서 열정을 지닌 교육자는 근본적인 회의에 빠질 수 있다. 자신이 지닌 가치관과 세속의 가치관이 충돌할 때 자신이 간직해온 이상이 과연 맞는지 의문이 들기 때문이다. 이런 상황을 극복하게 도와줄 수 있는 멘토는 바로 아우구스티누스Augustinus, 354~430이다. 그는 인간의 부족함과 한계를 절실히 느끼고 살았으며, 인간적인 욕구에 끊임없이 시달려야 했던 이른바 '보통사람'이었다. 그래서 현실에 부딪혀 어려움을 겪고 있는 교육자는 그에게 충분히 공감할 수 있다. 더욱이 그는 체계화된 교육 이론 이외에도 진정한 스승답게 교육자들을 위해 매우 실용적인 충고들을 남겨놓았다. 그렇다면 아우구스티누스는 우리나라의 교육자들에게 구체적으로 어떤 충고를 해줄 수 있을까?

아우구스티누스의 교육에 대한 조언

『고백록』Confessiones에서, 아우구스티누스는 고향 타가스테의 교사에게 매를 맞던 체험을 고통스럽게 회상하고 있다. 그는 그 체벌이 교육적인 효과가 없었다고 말하며, 당시 어른들이 아무런 문제의식 없이 받아들였던 강압적인 주입식 교육을 비판하고 있다. 강제로 그리스어를 배울 때의 느낌을 "저 달콤한 그리스 신화의 맛에다 쓸개를 타놓은 것" 같았다고 말한다. 그에 따르면, 교사들은 일정한 내용을 전달하는 것만으로는 충분하지 못하고 학생들에게 진정으로 흥미를 유발할 수 있는 길을 찾아내야 한다.

중세 교부철학의 대사상가 아우구스티누스. 젊은 시절, 이단 종교에 빠지는 등 방탕한 생활로
점철된 삶을 살다가 밀라노의 주교 암브로시우스(Ambrosius)의 강론에 크게 감화된 이후 그
리스도교와 중세 교부철학의 대사상가가 되었다.
산드로 보티첼리(Sandro Botticelli, 1444?~1510)의 「성 아우구스티누스」(1494)

아우구스티누스의 회심. 386년 여름, 밀라노의 한 정원에서 아우구스티누스는 "집어서 읽으라"
(Tolle, lege)라는 어린아이의 소리에 『신약성서』를 펼쳐 바오로의 「로마인들에게 보내는 편지」를
읽고 진정 그리스도교로 회심하였다.
프라 안젤리코(Fra Angelico, 1400?~1455)의 「아우구스티누스의 회심」(1435년경)

어릴 때부터 주체의식이 강했던 아우구스티누스는 자신의 부정적 체
험을 바탕으로 "학생들이 절대적으로 존중받아야 하는 하나의 인격체이
며 자신의 학습을 주도해야 하는 주체"라고 인정했다. 이런 관점에서 보
면, 요즈음 학생들이 자신의 개성을 찾는 것은 매우 바람직한 일이고 희
망을 주는 현상이다. 그렇지만 그들이 쉽게 사회의 과장된 기대나 자본
에 의해 조작된 이미지에 현혹되지 않고 자신이 가지고 있는 꿈을 실현
할 수 있도록 강한 주체의식을 길러 주어야 한다.

사랑의 원리에 따른 교육: 향유와 사용의 구분

아우구스티누스가 '학습자 중심 교육'을 강조했다고 해서 교육의 모든 내용을 학생들에게 맡겨 놓았던 것은 아니다. 교육은 개인의 발달을 도모하는 의도적인 활동이기 때문에 필연적으로 가치를 함축하고 있다. 그는 교육에서 신에 대한 사랑과 이웃에 대한 사랑을 표현하는 것이 가장 중요하다는 결론을 내린다. 이러한 입장은 "사랑하시오, 그리고 당신들이 원하는 것을 하시오"^{Dilige, et quod vis fac}라는 말에 잘 요약되어 있다.

그러나 각 사람이 사랑이라는 이름 아래 행하는 모든 행위가 윤리적인 것은 아니다. '스토커'의 비정상적인 집착이나 자녀를 오히려 잘못된 길로 이끄는 부모의 과도한 사랑도 있기 때문이다. 따라서 "어떠한 종류의 사랑이 인간 행위를 윤리적으로 만들 수 있는가"라는 질문이 제기된다. 아우구스티누스는 우선 사람이 사물을 사랑하는 태도에 따라 두 종류의 사랑을 구분한다. 즉 그 사물 자체를 목적으로 하여 사랑하는 것을 '향유'^{frui}라고 부르고, 그 외에 있는 목적을 위한 수단으로서 사물을 사랑하는 것을 '사용'^{uti}이라고 한다. 이러한 구분을 교육에 적용하여 보면, 우리가 마땅히 향유할 만한 것을 사랑하는지, 즉 교육적 지향이 제대로 이루어지는지를 살피는 일은 매우 중요하다.

요즘 학생들은 양적 성장의 이데올로기와 감각적인 정보의 홍수 속에서 자신이 가지고 있는 생각들이 과연 옳은 것인지를 반성할 여유조차 잃어버렸다. 이런 현실 속에서 부모와 학생들은 자신이 수단으로 '사용'해야 할 것들의 노예가 되어 이를 최고의 목적으로 삼아 '향유'하는 가치의 혼란에 빠지게 된다. 이런 왜곡을 피하기 위해서 진정한 교육을 통해 사랑해야 할 것을 올바른 방식으로 사랑하는, 아울러 사랑의 질서에 대해 숙고하고 이를 체화하는 일이 요구된다. 따라서 단지 학생들에게 수월성 교육을 통해 능력만 증대했다고 해서 교육이 충분히 이루어졌다고는 할 수 없다.

교사는 학생들에게 단순히 '사랑의 원리'에 대해 가르쳐주는 것보다도, 학생들이 '사랑을 느끼도록' 해주어야 한다. 이를 위해 교사는 학생을 "형제적·부성적, 그리고 모성적 사랑으로"(『입문자 교리교육』) 가르쳐야 한다. 교사는 자신이 가르치는 학생들을 사랑으로 이끌어야 할 뿐만 아니라 자신이 가르치고 있는 주제에 대해서 애정을 가지고 있을 때에만 학생들이 그 주제를 공부하고 싶도록 제대로 자극할 수 있다.

역할 모델이 제시하는 모범의 중요성

아우구스티누스에 따르면, 추상적인 이념에 대한 교육보다도 구체적으로 본받고 따를 수 있는 모범, 즉 '역할 모델'이 있을 때 사람들은 훨씬 더 쉽게 윤리적인 행동을 할 수 있다. 그렇지만 안타깝게도 현대의 한국 사회는 이런 표상을 제공하지 못한다. 방송에서 가장 많이 부각되고 있는 정치인을 비롯한 이른바 사회 지도층의 모습은 청소년들에게 올바른 방향을 제시하지 못하고 정치에 대한 혐오만 불러일으킬 뿐이다. 또한 대부분의 학생들은 쉽게 접하는 연예인이나 스포츠 스타에게서 자신의 이상형을 찾고 있다. 그러나 금전 만능주의는 이러한 스타들의 이미지를 상업적인 목적으로만 이용함으로써 청소년이 쉽게 찾는 역할 모델마저 오염시키고 있다.

그래서 교사는 자기 스스로 체험했던 소중한 의미 찾기를 통해 학생들

4세기에 활동한 서방 교회의 4대 교부 가운데 한 사람으로 아우구스티누스를 회개시켜 훗날 위대한 성인이 되게 했던 밀라노 주교 암브로시우스.

이 지니고 있는 무한한 가능성을 일깨워줘야 한다. 아우구스티누스는 자신이 멘토로 삼은 암브로시우스 주교의 모습을 보며 얻은 체험을 토대로 교육을 다음과 같이 규정한다.

> "교사들은 자기 자신을 모방하도록 제공한다. 그리고 이것이 바로 사람들이 교육이라고 부르는 것이다."(『음악론』I, 6)

이에 따라 교사는 자신이 보여주는 모범과 열정, 사랑을 보고 배우도록 해야 한다. 아우구스티누스에 따르면, 교사들이 학생들에게 먼저 보여주는 사랑보다 더 큰 사랑으로의 초대는 없다. 그는 더 나아가 이러한 교사와 학생 사이의 인격적인 사랑의 배후에 창조주의 사랑이 자리하고 있다고 강조한다. 신이 인간을 창조하고 가르치는 바로 그 사랑이야말로 배우고자 하는 인간의 열망과 자기 학생들에게 영감을 불어 넣어주려는 교사가 지닌 책임감의 원천이라는 것이다.

물론 현대 사회에서 교육자 개인들에게 완벽한 모범을 제시하라고 강요할 수 없다. 오히려 교사를 포함한 인간에게 모든 희망을 거는 일이 없어야 한다. 평범한 교육자라면 학생들이 자신에게 거는 기대감을 통해 자기가 이룬 성과에 대해 오만해질 수 있다. 또는 이를 충족하지 못했을 때 정반대로 자신의 무능 때문에 부담감과 좌절을 느낄 수도 있다. 이런 문제를 극복하는 데 아우구스티누스의 삶은 중요한 방향성을 제공한다. 그가 세속적인 수완으로 밀라노 황실수사학학교 교사가 되었을 때는 진정한 명예를 얻지 못했다. 오히려 그 자리를 포기하고 신의 영광과 이웃의 행복만을 추구했을 때 위대한 스승으로서의 명예를 얻었던 것이다. 과연 우리는 어떠한 모습에 끌리고 있으며, 어떤 역할을 모방하고 싶어

하는지를 자문해볼 필요가 있다.

설령 교사 자신이 완벽한 모범이 될 수 없다고 하더라도 학생들의 역할 모델이 될 수 있는 분들의 생애를 소개해주는 것만으로도 충분한 교육 효과를 거둘 수 있을 것이다. 이를 위해 이웃 사랑의 모범이 된 역할 모델들(마더 데레사, 김수환 추기경, 「울지 마 톤즈」의 이태석 신부 등)을 교육 현장에서 적극적으로 활용하는 것이 필요하다.

실패와 좌절을 넘어서는 교육에 대한 열망

교육 현장에서 아우구스티누스의 극적인 회심과 같은 변화를 기대할 수는 없다. 단지 학생들의 지향이 변화될 수 있도록 준비시키는 것이 '외적인 교사'들의 사명이다. 그래서 교사는 교육 현장에서 어려움이나 실패에 부딪혔을 때 의욕을 상실하고 지향해 오던 가치를 포기해서는 안 된다. 오히려 그런 태도 안에 '내적인 스승'의 자리에 자신을 놓으려는 교만이 숨어 있을 수도 있기 때문이다. 이와는 반대로 예기치 못한 교육적인 성과를 얻게 되는 경우에도 감사하는 마음으로 이를 받아들이는 자세가 필요하다.

교육 현장에서 자주 경험하게 되는 실패를 넘어 교사와 학생 사이의 진정한 의사소통이 이루어지려면 교사가 학생들의 눈높이를 고려하여 끈기 있게 기다려주어야 한다. 이러한 태도를 아우구스티누스는 『음악론』에서 다음과 같이 표현했다.

"나는 허약한 여행자들을 허공으로 날아다니도록 하는 것보다 그들과 함께 걸어서 여행하는 것을 더 즐겼다. 그들은 아직 비행을 위한 날개를 충분히 갖추지 못했기 때문이다."

아우구스티누스의 충고에 따라 교사가 학생 스스로 문제를 해결하도록 참을성을 가지고 기다려준다면, 이러한 인내는 학생에게뿐만 아니라 교사 자신에게도 새로운 통찰을 가져다줄 수 있다.

그렇지만 학생들의 눈높이에 맞춘다고 무조건 학생들의 요구와 의도에 맞추어야만 하는 것은 아니다. 예를 들어 아우구스티누스가 말하듯이 "자신이 무엇인가를 알고 있다고 착각해서 가르치기 어려운 학생"에게는 그가 가지고 있는 생각을 상대화하고 '무지의 지'를 일깨워주는 작업이 필요하다. 특히 이런 학생들과 대화하기란 매우 어려운 일지만, 교사들은 가능한 범위 내에서 학생들과 진실한 대화를 나눌 기회를 많이 만들어야 한다. 성숙하고 진실한 대화에 참여한 주체들은 만남과 대화를 통해 서로에게 자신을 선물로 내어줄 수 있다는 사실을 인식하게 된다.

또한 아우구스티누스는 교사가 마음의 평안을 가졌을 때 교육 효과가 더욱 커진다고 말한다. 따라서 학교 당국자들은 교사들이 개인적인 여유를 가지고 자기 성장을 위해 노력함으로써 학생들을 기쁘게 만날 수 있는 마음의 여유 공간을 확보해주는 일이 매우 중요하다.

교육 현장에서 성공한 만남을 통해서 주어지는 기쁨은 아무런 실패 없이 주어지는 성취의 기쁨이 아니다. 더욱이 이 기쁨은 교사가 학생들 위에 군림하는 데서 오는 권력욕의 충족이나, 자신을 드러내는 데서 오는 자만심과 혼동되어서는 안 된다. 아우구스티누스에 따르면, 인간의 지성이 작용하는 교육에서는 구별될 수 있는 두 종류의 '즐거움'을 찾을 수 있다. 즉 교육에서는 지성의 가장 깊은 곳에서 발견되는 즐거움과 헌신적인 이웃 사랑으로 내적 활기를 느끼는 즐거움이 중요하다. 이 즐거움 또는 기쁨은 실패와 인내를 넘어선 공동체적 기쁨이어야 한다. 이 공동체적인 기쁨은 학생을 함께 가르치는 교사나 같은 분야를 연구하는 연구자의 탁월한 능력을 발견할 때 느껴지는 낙심에도 원용될 수 있다. 교사가 자신의 명예를 취하기보다 학생이 진리에 다가가도록 인도하는 것을 목표로 삼는다면, 뛰어난 능력을 지닌 다른 동료가 거두는 성공에 대해 함께 기뻐해줄 수 있을 것이다.

학생들에게 온 마음을 다해 가르친 교사에게 돌아오는 기쁨은 자신이 기대했던 것 이상인 경우가 많다. 이것이 새로운 교육 현장에서 만나는 어려움을 이겨낼 수 있는 원동력으로 작용하기도 한다. 이렇게 실패를 극복하고 인내하는 과정을 통해 교사와 학생들이 '마음에서 마음으로 말하는 것'Cor ad cor loquitur이 이루어질 때 그들 사이에 진정한 교육이 실현될 수 있을 것이다.

정의가 없는 국가는 강도 떼와 같다
아우구스티누스의 『신국론』

　"단 한순간도 개인의 유불리를 따지지 않고, 오로지 국가·국민만 생각하며 최선을 다해 바른 정치를 하려고 노력했다." 박근혜 전[前] 대통령이 탄핵심판 최종변론에서 최후진술서를 통해 밝힌 내용이다. 박 전 대통령은 "땀 흘린 만큼 보상받고, 노력한 만큼 성공하는 나라, 법과 원칙을 지키는 사람들이 성공하는 상식이 통하는 그런 나라를 만드는 것"이 자신의 소명임을 알고 있었다. 그렇지만 재임 기간 동안에 벌어졌던 일은 국가 전체를 혼란과 분열에 빠뜨렸을 뿐이다. 특히 국정농단을 최순실 씨와 청와대 일부 참모들의 '개인적 일탈'로 치부한 그에 대한 국민의 성토와 실망은 이미 극에 달했다. 국정 책임자가 국가의 위기에 대한 책임을 엉뚱하게도 제3자에게 전가하려는 기만책은 역사에서 자주 보인다. '해가 지지 않는 나라' '영원한 제국'이라 자처하던 로마 제국이 몰락해갈 때에도 이렇게 책임을 면하려는 자들이 나타났다.

수도 로마의 점령(410)에 대한 풍문

410년 8월 24일, 게르만족의 용병대장 알라리쿠스Alaricus, 370~410는 반란을 일으켜 1,000년 이상 유지된 로마 제국의 수도 로마를 점령했다. 이로 인해 세계의 중심지 로마의 자존심은 여지없이 꺾여버렸다. 아울러 로마인들에게는 글자 그대로 세계의 붕괴를 의미했다.

로마 점령 사건은 부패한 로마 제국이 게르만족 용병들의 월급을 지급하지 않으면서 시작되었다. 아사餓死 직전에 몰린 용병들은 굶어 죽느니 한 번 싸우기라도 해보고 죽자는 심정으로 로마까지 진격했다. 그러자 이미 강건한 정신을 잃어버린 로마 정규군은 줄행랑치고 말았다. 그 결과 알라리쿠스와 용병대는 큰 어려움 없이 로마를 점령하고 약탈했다.

이 사건에 경악한 로마인들 가운데 일부는 20년 전에 일어난 큰 변화, 즉 '그리스도교의 국교화'에서 그 이유를 찾았다. 그들은 로마 제국이 조상 전래의 다신교를 버리고 그리스도교를 받아들였기 때문에 몰락했다고 주장했다. 그리스도교는 밀라노 칙령을 통해 신앙의 자유를 얻은 후 급속히 성장해 392년에는 로마 제국의 국교가 되었다. 테오도시우스 황제Theodosius I, 347~395는 그리스도교를 국교로 선포하면서 전통적인 다신교의 신전들을 폐쇄하고 제사를 금하는 일련의 칙령을 반포했다. 그러나 국교화 진행 과정은 순조롭지 못했고, 기존의 다신교 신앙을 유지하려던 이들은 그리스도교를 증오했다. 이런 분위기 속에서 로마가 점령당하자 그 책임을 그리스도교에 전가한 것이다.

이와 반대로 그리스도교인들은 이교도인 전통적 다신교인들이 여전히 많기 때문이라고 응수했다. 점령당한 로마인들 사이에서는 역사를 주관하는 신의 섭리가 무엇인지, 또 '과연 그리스도교 때문에 로마 제국이 몰락했는지'에 대한 논쟁이 일어나게 되었다. 그 와중에 로마의 부자들 상당수는 자신들의 영지가 있는 북아프리카로 피신했다. 당시 아프리카 그리스도교의 지도자는 히포의 주교 아우구스티누스였고, 그는 피신해 온 이들의 도전적인 질문에 답변할 필요성을 느꼈다.

14년에 걸쳐 완성된 아우구스티누스의 대작 『신국론』

아우구스티누스는 그리스도교에 대한 이교도들의 비판이 얼마나 부당한지를 반박하기 위해 『신국론』 *De Civitate Dei* 을 저술했다. 아우구스티누스가 50대 후반에 시작한 저술 작업은 무려 14년에 걸쳐 이루어졌으며, 그가 죽기 4년 전인 426년에야 22권 분량의 '대작이자 힘든 일' magnum opus et arduum 이 완성되었다. 아우구스티누스는 자신의 전체 작품을 다시 평가하는 말년의 작품 『재론고』 *Retractationes* 에서 이 저작을 쓰게 된 동기를 다음과 같이 밝히고 있다.

> "그간에 로마가 알라리쿠스의 고트족에게 파괴당하고 막중한 불운을 당하게 되었다. 제신諸神들을 섬기는 자들, 보통 이교도라고 부르는 사람들은 이 황폐를 기화로 하여 그리스도교를 공격하였고 여느 때보다 신랄하게 참된 신을 모욕하였다. 그러므로 하느님의 집에 대한 열정에 사로잡혀 나는 그들의 모욕과 오류에 대항하여 『신국론』이라는 책을 쓰기로 작정하였다. 이 작품은 여러 해가 걸렸는데 뒤로 미룰 수 없고 먼저 해결을 요하는 여러 일이 중간에 끼어들었기 때문이다." (『재론고』 II, 43)

410년 8월 24일, 서고트족에 의한 로마 약탈. 이 사건은 게르만족의 용병대장 알라리쿠스가 이끄는 서고트족이 서로마 제국의 로마를 침공·함락시키고 시내를 약탈한 사건으로 로마인들의 자존심에 큰 상처를 남겼다.

조제프-노엘 실베스트르(Joseph-Noël Sylvestre, 1847~1926)의 「410년, 야만 족에 의한 로마 함락」(1890)

아우구스티누스가『신국론』을 집필한 일차적 동기는 신학적인 것이었다. 하지만『신국론』이 도덕, 정치, 철학적인 면에서 거둔 성과도 높이 평가할 만하다. 이 저서는 우선 이교도들을 대상으로 해서 그들의 그리스도교 비판이 근거 없음을 밝히려 했다. 또 한편으로는 구원의 역사라는 관점에서 인간 역사를 바라보는 안목을 제시하고자 했다.『신국론』은 저자의 해박함과 놀라운 통찰력 때문에 서구 지성사에 매우 큰 영향을 끼쳤다. 그 안에는 인류 역사상에 등장하는 거의 모든 주제가 망라되어 있어서 다루어진 내용을 모두 요약하는 것은 한 편의 글에서 불가능한 일이다.

그렇다면 1,500쪽에 달하는 방대한 분량 중 앞서 언급한 무능한 정부의 기만책을 통렬하게 비판하는 내용에는 어떤 것이 있을까?

진정한 정의를 실현하는 국가에 대한 열망

우리는 아우구스티누스가 로마 제국을 비롯한 국가를 그토록 강하게 비판하는 이유를 "정의가 없는 국가란 거대한 강도 떼가 아니고 무엇인가"(『신국론』 IV. 4)라는 반문에서 찾을 수 있다. 이를 설명하기 위해서 아우구스티누스는 알렉산드로스 대왕과 해적 사이의 흥미로운 대화를 소개한다. 알렉산드로스 대왕이 잡혀온 해적에게 "무슨 생각으로 바다에서 남을 괴롭히느냐"라고 문초하자, 그 해적은 다음과 같이 답변했다고 한다.

"그것은 폐하께서 전 세계를 괴롭히는 생각과 똑같습니다. 단지 저는 작은 배 한 척으로 그 일을 하는 까닭에 해적이라 불리고, 폐하는 대함대를 거느리면서 그 일을 하는 까닭에 황제라고 불리는 점이 다를 뿐입니다."(『신국론』IV, 4)

아우구스티누스에 따르면, 강도 떼와 국가가 외형적으로는 큰 차이가 없다. 국가와 마찬가지로 강도 떼도 사람들로 구성되어 있고, 두목 한 명이 다스린다. 또한 강도 떼도 결합체의 규약을 지니고, 약탈물을 일정한 원칙에 따라 분배한다. 심지어 강도 떼도 서로 갈라져 싸우면 약탈도 하기 어려우므로 자기들 안에서는 일정한 정의와 평화가 유지되어야 한다는 것이다.

아우구스티누스는 오랜 전통에 따라 "정의란 각자에게 각자의 몫을 주는 것"(『신국론』XIX, 12)이라고 규정한다. 또한 이런 정의를 저버리고 불법을 저지른 자는 남에게 해악을 끼치지 못하도록 징벌로 교정해야 한다고 주장한다. 그렇지만 때로는 강도 떼가 나름대로의 세력 때문에 그 탐욕이 징벌당하지 않으므로 정정당당한 집단처럼 행세하게 된다. 전 세계를 지배하고 정복한 로마 제국도 진정한 정의를 지니고 있지 못하다면 진정한 '공화국'res publica이 아니라 강도 떼에 불과하다고 비판한다.

아우구스티누스는 초기 로마가 정의로운 국가였을 때 얼마나 번성했는지도 상세하게 기술했다. 자신의 조국을 비판하는 것 자체가 주목적이 아니었기 때문이다. 그는 당시 로마 제국이 초기의 정의로움을 잃어버려서 위기를 맞게 되었다는 사실을 밝히고 이를 극복할 길을 제시하고자 했다. 또한 선한 정부와 법은 물리적 힘이 아니라 도덕적 근본에 의해 유지된다고 주장했다.

아우구스티누스의 대표작 『신국론』. 인류 전체의 역사와 그리스도교 구원사 전체를 담은 책으로 노(老) 주교 아우구스티누스의 마지막 '백조의 노래'가 담겨 있다.

우리는 아우구스티누스가 『신국론』에서 추구한 정의를 파괴하는 각종 위협 속에 살아가고 있다. 우리나라는 지난 10년 동안 이어진 정책 실패로 더욱 혼란스러워졌다. 그러나 4대강 개발, 개성공단 폐쇄, 최고의 실업률 등 정책 실패에 대한 자성의 목소리는 찾아볼 수 없다. 지금부터라도 실행할 수 있는 건실한 정책을 통해 진정한 정의를 실현하기 위해서는 철저한 성찰이 필요하다. 아우구스티누스에 따르면, 정의로움이 아니라 소수 기득권의 이익만을 추구하는 국가란 '강도 떼'에 지나지 않기 때문이다.

더 나아가 진정한 정의와 거짓 정의를 구별하기 위해서는 지식인과 언론인의 책임이 지대하다. 우리는 이미 '정의사회 구현'을 외치면서도 사리사욕만 취하고 자신들의 만행을 감추기에 급급했던 강도 떼를 만난 쓰라린 경험이 있다. 이와는 대조적으로 "정의가 강물처럼 흐르게 하리라"는 외침과 함께 억압받는 이의 눈물을 닦아준 종교의 역할도 체험했다. 이제 사회 지도층은 아우구스티누스가 『신국론』에서 제시한 것처럼 국가 위기에 대한 공허한 평계를 식별하고 진정한 원인을 찾아내야 한다.

아우구스티누스는 지금도 우리에게 『신국론』을 통해 질문을 던진다. "우리 각자는 과연 '정의가 실현되는 참다운 국가'와 '정의가 없는 강도 떼 같은 국가' 가운데 어디에 속하는가?" 아우구스티누스는 답을 찾는 방법에 대해서도 충고한다. "각자는 자신이 무엇을 사랑하고 있는지 자문해보라. 그러면 자기 자신이 어느 나라에 속하는 국민인지를 알게 될 것이다."

제 2 부

어둠 속에 비치는 서광: 5~10세기

왜 선한 이들이 고통을 받는가
보에티우스의 『철학의 위안』

'왜 악한 이들이 승승장구하고 선한 이들은 오히려 고통을 받는가?'

무능하고 부패한 '갑'들이 권력과 재력을 배경 삼아 승승장구할 때 '을'들의 입에서는 이런 탄식이 흘러나온다. 그렇지만 누구보다 이런 의문이 뼛속까지 파고드는 사람은 억울하게 모함을 당해 감옥에 갇힌 이들일 것이다. 2016년 1월 타계한 고故 신영복 교수도 이런 질문을 수백 번 던지지 않았을까. 그는 실제로 가입한 적도 없는 통일혁명당 사건 때문에 20년 20일을 복역해야 했다. 자신이 '대학'이라 부른 감옥에서 얻은 깊은 성찰을 담은 편지를 모아 출간한 책이 바로 『감옥으로부터의 사색』이다. 이 책은 커다란 사회적 반향을 불러일으켜 수많은 사람들의 가슴에 깊은 감동을 남기고 이 시대의 고전이 되었다. 나도 이 책을 통해 진정한 성찰의 중요성을 배웠다. 그런데 '감옥으로부터 사색'이라는 표현을 들으면 그 원조 격인 고전이 함께 떠오른다. 로마 최후의 철학자라고 불리는 보에티우스 Anicius Manlius Torquatus Severinus Boethius, 480?~524? 의 『철학의 위안』 De consolatione philosophiae 이다.

보에티우스의 정치적 성공과 몰락

보에티우스는 서로마 제국이 멸망(476)한 직후 아니치우스라는 로마의 최고 명문 가문에서 태어났다. 그는 아테네와 알렉산드리아에서 유학할 기회를 가졌고, 이를 통해 플라톤과 아리스토텔레스의 사상을 모두 배울 수 있었다. 로마로 돌아온 보에티우스는 그리스어를 읽지 못하는 대중을 위해 두 철학자의 저작들을 라틴어로 번역할 계획을 세웠다. 그는 우선 아리스토텔레스의 논리학 서적 두 권과 그 주석서를 라틴어로 옮겼다. 그리고 7자유학예 artes liberales 가운데 산술학, 기하학, 음악학, 천문학을 4학과 quadrivium 로 종합한 후에 이에 대한 개론서를 저술했다.

뛰어난 성장 배경에 박식함과 훌륭한 인품까지 두루 갖춘 보에티우스에 대한 소문은 빠르게 퍼져나갔다. 당시에 로마를 점령한 동고트족의 왕 테오데리쿠스 Theodericus, 454~526 도 이 소문을 듣고 그를 중용했다. 보에티우스는 자유학예에 대한 지식을 이용해 동고트족 왕국 내의 화폐 제도와 도량형 제도를 개혁했다. 그러자 테오데리쿠스는 그에게 더 중요한 과제들을 맡겼다. 보에티우스는 기술적인 문제부터 시작해서 재정 문제, 종교 간 충돌 문제에 이르기까지 모든 임무를 완벽하게 해결했다. 그 결과 보에티우스는 직책이 점점 높아져 40대 초반의 나이로 시종무장관 magister officiorum 이라는 가장 높은 관직에까지 올랐다.

보에티우스의 성공만큼이나 빠른 속도로 그를 싫어하는 적대자의 수

강론하는 보에티우스. 그리스-로마 시대의 끝자락에서 활동했던 그는 흔히 로마 최후의 철학자라 일컬어진다. 플라톤과 아리스토텔레스 철학을 중세에 전한 가교 역할은 그가 남긴 업적 가운데에 서도 두드러진 결실에 속한다.

도 늘어났다. 동고트족 왕국의 부패한 귀족들은 강직한 보에티우스를 몇 차례나 회유하려다 실패하자, 자신들의 기득권을 유지하기 위해 그를 제거하기로 결론을 내렸다. 청렴한 보에티우스에 대한 몇 차례의 모함이 실패로 돌아간 끝에 적대자들은 마침내 그의 아킬레스건을 찾아냈다.

당시 양분된 로마 제국 가운데 서로마 제국은 멸망했지만, 콘스탄티노플에 위치한 동로마 제국은 건재했다. 테오데리쿠스는 자신의 로마인 관료들이 같은 핏줄에 속하는 동로마 제국과 내통할까봐 두려워하고 있었다. 그러던 어느 날 원로원 의원 알비누스Albinus가 동로마 제국과 내통해 반역을 꾀한 혐의로 고소당하는 사건이 발생했다. 이것이 모함이라는 사실을 안 보에티우스는 뛰어난 웅변술로 자신의 동료 알비누스를 변호했다. 그러자 적대자들은 이 변론을 이용하여 보에티우스를 반역의 주동자로 몰았다. 반란을 두려워하던 테오데리쿠스는 결국 보에티우스에게서 등을 돌렸다. 보에티우스는 최소한의 변론 권리도 박탈당한 채 하루아침에 사형수가 되어 파비아의 감옥에 갇히고 말았다.

『철학의 위안』에 나타난 인간 고통의 해명

보에티우스는 사형을 당하기 전 옥중에서 『철학의 위안』을 썼다. 이 책은 보에티우스 자신의 심경을 표현하는 시와 동일 주제에 대한 산문을 번갈아 싣고 있으며, 산문은 그가 철학의 여신과 대화하는 방식을 취한다. 예를 들어 "덧없는 행복을 꿈꾸고 있을 때/ 슬픔의 시간은 이미 내게 가까이 와 있었노라./ 이제 불운이 행복의 거짓 탈을/ 벗겨놓고 나니/ 앞으로 나의 생활은/ 쓰디쓴 삶만으로 연이어 있네"와 같이 보에티우스의 마음을 나타내는 멋진 시가 나온다. 이어서 그 시에 제시된 주제에 대해 철학의 여신이 보에티우스에게 다음과 같이 충고한다.

"너는 과거의 행복에 대한 집요한 애착과 갈망으로 지금 기진맥진해 있다고 하겠다. …… 그런데 나는 여러 가지로 변모하는 행복의 요사스러움을 알고 있다. 그 요물은 그가 우롱하려고 드는 사람들에게는 일단 아첨을 부려 혹하게 하고 마침내는 뜻밖에 저버림으로써 그들을 견디지 못할 고통 속에 몰아넣는다. …… 한번 네가 행복의 본성과 그 특성, 그 진가를 생각해 본다면 그 행복을 차지했을 때 그것이 너에게 아무런 귀중한 것이 되지 않

보에티우스 앞에 나타난 '철학의 여신'. 그가 남긴 명저 『철학의 위안』은 사형 선고를 받고 옥중에서 쓴 작품으로 고귀한 인간의 이상(理想)을 시와 산문의 형식으로 풀어낸 역작이다. 그의 철학은 중세 때는 물론 르네상스 시기까지 큰 영향을 끼쳤다.

았다는 것과 또 행복이 떠나갔을 때 아무것도 잃어버리지 않았다는것을 알 것이다."(『철학의 위안』 I, 산문 1)

더 나아가 철학의 여신은 "과거의 운명에 대한 미련과 갈망 때문에 스스로를 소진"하고 있다고 보에티우스를 질책한다. 그리고 나서 재물이나 지위, 권세, 명예, 쾌락 등 인간에게 행복을 주는 것으로 보이는 후보들을 나열한 후 이런 것들은 "약속하는 바의 좋은 것을 줄 수 없으며 …… 행복으로 인도하지도 못하고, 그 자체로 사람들을 행복하게 만들지도 못한다"(『철학의 위안』 III, 산문 8)라고 충고한다.

이어서 보에티우스는 자신이 겪은 고통을 신의 섭리와 인간의 자유의지 사이의 정확한 관계 규정을 통해 풀어나간다. "어떻게 되어 악인들이 받아야 할 형벌을 선인들이 받게 되었으며, 덕 있는 사람들이 받아야 할 보상을 악인들이 탈취하게 되었는지" 의아하게 여기던 보에티우스는 자신의 깨달음을 대화 상대자로 등장하는 '철학의 여신'의 입을 빌려 다음과 같이 설명한다.

"우주질서에 근저(根底)하는 원인을 모른다면 그 중 어떤 것은 제멋대로요 혼돈된 것으로 보이는 것도 무리가 아니다. 그러나 네가 그렇듯이 위대한 배정의 이유를 모른다 하더라도 선한 통치자가 우주를 다스리고 있는 것이니 만사가 올바르게 되리라는 것을 믿고 의심치 말아야 할 것이다."(『철학의 위안』 V, 산문 4)

'철학의 여신'에 따르면, 전지전능한 신은 자신이 섭리하는 세계에서 어떤 것이라도 우연히 이루어지도록 놓아두는 일이 없다고 한다. "악한 것들을 적절하게 사용함으로써 선의 결과물을 만들어낼 때 악한 것들도 선한 것이 되는 것은 오직 신의 힘 안에서만 가능하다."(『철학의 위안』 IV, 산문 6) 우리가 의심을 품게 되는 까닭은 우리 자신이 사물의 연관을 꿰뚫어볼 능력을 가지고 있지 못하기 때문이라는 것이다. 결국 참된 행복을 찾는 인간의 노력은 악덕에 대한 투쟁, 덕에 대한 장려, 우리의 행위를 심판하는 신을 끊임없이 찾는 데에 있다고 결론을 내린다.

"필멸하는 존재(인간)에게는 손상되지 않는 의지의 자유가 있는 것이다. 그러므로 모든 필연성으로부터 벗어난 의지에 상과 벌을 제시하는 법은 결코 부당한 것이 아니다. 게다가 모든 것을 예지하는 신은 위에서 내려다보는 관찰자로 머무르며, 항상 현재하는 그 시선의 영원성은 선인들에게는 상을, 악인들에게는 벌을 주면서 우리 행위의 미래의 성질과 함께 가게 된다.…… 그러니 너희는 악덕을 거부하고 덕을 키워라. 올바른 희망으로 정신을 들어 올리고, 저 높은 곳으로 몸을 낮춰 간청을 드려라. …… 너희가 모든 것을 꿰뚫어보는 심판관의 눈앞에서 행동할 때 …… 너희에게는 올바름이라는 커다란 필연성이 부과되어 있느니라."(『철학의 위안』 V, 산문 6)

고독한 죽음을 넘어서 기억되는 희망의 연대

선한 사람의 고통에 대한 보에티우스의 해결책이 현대인들이 보기에는 만족스럽지 못할 수 있다. 때로는 무죄한 이들의 학살을 방관한 신을 철저히 거부하는 무신론적 실존철학자들의 주장이 더 큰 공감을 얻기도 한다. 그렇지만 보에티우스는 '일부 몰지각한 종교인들'처럼 편안한 처지에서 고통받는 이들에게 '신의 섭리' 운운한 것이 아니다. 그에 비하면 소크라테스는 비록 독배를 마시고 죽었지만 친구들에게 둘러싸여 있었으니 '행복한' 죽음을 맞이한 셈이다. 보에티우스에게는 아무도 없는 고독 속에서 또 다른 자신, 즉 '철학의 여신'과 대화하는 것만 허용되었다. 그는 눈앞에 다가온 죽음을 맞아 자신이 겪는 불행에 대해 최소한 이해라도 하고 싶었을 따름이다.

보에티우스는 본래 원대하고 야심 찬 3단계 계획을 가지고 있었다. 1단계는 고대 인문정신의 총체인 '자유학예'에 대한 철저한 탐구, 2단계는 플라톤과 아리스토텔레스의 철학서 번역, 마지막 3단계는 이 두 철학자의 사상과 그리스도교 사상의 조화를 도모하는 것이었다. 그러나 안타깝게도 이 거대한 계획은 그의 갑작스러운 죽음 때문에 미완으로 끝나고 말았다.

당대에는 동고트족 귀족들이 보에티우스에게 승리한 것처럼 보였지만, 오늘날 그들을 영광스럽게 기억하는 이는 아무도 없다. 오히려 그들의 악행을 배경 삼아 『철학의 위안』이 인류의 빛나는 고전이 되었다. 『철학의 위안』은 악인들의 성공 앞에서 좌절하기 쉬운 선한 사람들에게 온전히 철학적인 답변을 제시한다. 또 그리스도교의 종말론적 희망에서 영감을 받았지만, 신앙에 의존하지 않고도 희망을 찾는 길을 열어준다. 나아가 그의 사상에 나타나는 신의 섭리와 자유의지, 인격에 대한 정의定義 등의 문제는 약 400년 후에 스콜라 철학의 토론 주제를 매우 풍부하게 만들어주기도 했다. 보에티우스는 온갖 악행을 저지르고 천수를 누린 자들이라 해도 '모든 것을 꿰뚫어보는 심판관' 앞에 서야만 하고, 적어도 역사의 엄정한 심판은 피할 수 없다고 알려줌으로써 오늘날 우리에게 작은 위안을 준다.

게르만족에게 생생하게 전해진 성경
그레고리우스 대교황

한 종교가 거대한 제국의 국교로 인정받았다면, 그 제국의 몰락은 해당 종교의 몰락으로 이어질 것이라고 생각되기 쉽다. 그렇지만 잠시 동안 서로마 제국의 국교였던 그리스도교는 오히려 제국의 멸망 이후 더욱 넓은 지역으로 퍼져 나가는 새로운 기회를 맞게 되었다. 476년 서로마 제국이 멸망한 후 이 지역에 점령자로 등장한 게르만족이 대대적으로 그리스도교로 개종했기 때문이다.

게르만족 용병에 의해 멸망한 서로마 제국

게르만족의 전체적인 개종 과정은 많은 부족만큼이나 다양하고 복잡한 과정을 통해서 이루어졌다. 본래 로마인들은 북유럽에서 만난 게르만족을 '바바리안'babarian, 즉 야만인으로 취급했다. 갈리아 전체를 평정했던 카이사르마저 용맹하고 길들이기 힘든 게르만족 점령을 포기하라고 충고할 정도였다. 대신에 게르만족의 침입을 막기 위해 라인강을 경계로 해서 접경 지역에 '리메스'limes라는 성城을 건립했다. 이 성을 경계로 두 민족은 털, 금은 세공품 등 물건도 사고팔면서 비교적 평화스러운 관계를 유지했다.

로마 제국 후기에 자신들의 군인만으로는 전체 국경을 지키기 어렵게 되고, 동방의 훈족 위협을 받은 게르만족이 피신해 들어오자 로마 제국은 그들을 용병으로 활용했다. 그러나 3세기가 지나면서 로마 시민들의 수는 많아지고 사치스러운 생활이 만연한 반면, 정작 수탈할 수 있는 새로운 점령지가 고갈되자 로마의 재정은 나날이 피폐해졌다. 결국 로마 제국이 파산 상태에 들어가 용병들에게 급료를 지급하지 못하는 상황이 벌어졌다. 돈도 못 받고 굶어 죽을 위기에 처하자 용병으로 일하던 게르만족은 410년 불만이 극도에 달해 반란을 일으켜 로마로 쳐들어갔다. 그러나 당시 강건함을 잃어버린 로마 군인들이 도주하는 바람에 게르만족 용병에게 수도 로마는 허무하게 점령당하고 말았고, 쇠약해진 서로마 제국은 476년에 결국 멸망하고 말았다.

게르만족의 다양한 그리스도교화 과정

게르만족의 일부(서고트족, 동고트족 등)는 이미 흑해 연안에 정주할 때부터 예수 그리스도의 신성을 부정했던 아리우스파의 그리스도교를 경험한 적이 있다. 더욱이 훈족의 침입을 피해 로마 제국 안으로 들어와 살면서 자연스럽게 당시 로마 제국의 국교였던 그리스도교에 동화되었다. 각 부족의 지도자들은 제국 내에서 용병대장을 거쳐 군 사령관 등으로 신분이 상승하면서 그리스도교를 자연스럽게 받아들였다. 이들이 개종하면서 부족 전체가 형식적으로는 그리스도교를 믿었지만, 호전적인 성격이 강했던 게르만족의 전사들이 완전히 그리스도교를 수용한 것은 아니었다. 더욱이 당시에는 아리우스파가 여전히 강한 영향력을 미치고 있었기 때문에 많은 부족은 정통 가톨릭 신앙보다 자신들에게 친숙한 아리우스파를 신봉했고, 일부 부족국가에서는 가톨릭 신앙을 이단으로 몰아 혹독한 박해를 가하기도 했다. 그럼에도 시간이 지남에 따라 이미 그리스도교를 접했던 게르만족 용병이나 그의 부족들은 그리스도교를 신봉하게 되었다.

그러나 로마 제국의 경계 밖에 있던 게르만족(롬바르드족, 프랑크족 등)이 그리스도교화되는 데에는 특별한 선교과정이 필요했다. 6세기에 뒤늦게 이탈리아를 침략한 롬바르드족은 대부분이 아직도 이교도인이었으며, 왕들을 포함한 소수만이 매우 늦게 그것도 아리우스파 신앙을 받아들였다. 또한 이교도인이었던 프랑크족이 갈리아 지역 전체를 점령함으로써 이미 그리스도교인이 되었던 게르만 부족들은 스페인 등 남쪽으로 밀려나고 말았다. 또한 한때 로마 제국에 점령되었던 브리타니아(현재 잉글랜드 지역)도 서로마 제국이 멸망하면서 그리스도교의 영향력이 급속하게 약화되어 새로운 선교가 절실한 상황이었다. 이러한 상황에서 그리스도교의 선교에 혁혁한 공을 세운 사람이 그레고리우스 대교황Gregorius Magnus, 540~604이었다.

전설에 따르면, 그레고리우스가 아직 교황이 되기 전에 시장에 나갔다가 천사처럼 예쁜 금발머리의 노예 소년을 만났다. 그래서 그가 "넌 어느 부족이니?"라고 묻자, 그 노예 소년은 브리타니아 출신이었는데 서툰 라틴어 발음으로 앵글로족Angli이라고 대답했다고 한다. 이 단어가 그레고리우스에게는 '앙겔루스의 나라', 즉 천사들의angeli 나라라고 들렸다. 그는 "정말 그래. 이들은 천사들의 얼굴을 갖고 있어"라고 외쳤고, 이런 소년들이 살고 있는 나라를 그리스도교화해야겠다는 결심을 하게 되었다. 그가 교황이 된 뒤에 596년 안드레아 수도원의 원장 아우구스티누스 Augustine of Canterbury, ?~604와 함께 40명의 베네딕투스 수도회 수도사들을 브리타니아로 파견했고, 이들은 그곳에 살던 켈트족을 그리스도교화하는 데 성공했다.

이렇게 이미 6세기 말기부터 영국 내에 베네딕투스 수도회들이 설립되었다. 본래 종교심이 강했던 켈트족 수도사들은 먼저 성경을 읽기 위해 라틴어 공부에 전념했고, 「시편」을 비롯해 성경 전체를 읽고 묵상하는 데 노력을 기울였다. 더욱이 이들은 이미 그리스도교가 활성화되어 있던 아일랜드-스코틀랜드 수도사들과 함께 아직 이교도로 남아 있던 프랑크족에게 성경 말씀을 전했다. 8세기경에 브리타니아 출신의 성聖 보니파키우스와 그의 동료 수도사들이 현재 독일 지역을 선교함으로써 프랑크 왕국을 포함한 유럽 전역에 그리스도교가 전파되었다.

눈으로 볼 수 있게 토착화된 성경

게르만족이 유럽의 주도권을 잡으면서 라틴어는 죽은 언어가 되어 버렸기 때문에 '불가타'Vulgata와 같은 히에로니무스 성인의 뛰어난 성경 번역도 일반인들에게는 직접적인 영향을 끼칠 수 없었다. 그들은 성경 안

＋ S. GRE G ORIVS ＋

그레고리우스 대교황. 그는 게르만족 등 이교도 선교에 많은 업적을 남겼을 뿐만 아니라 로마 주교가 '교황'으로서의 확고한 자리를 굳히는 데도 큰 역할을 했다. 따라서 그를 로마교황청의 확립자로 여기기도 한다.

에 담긴 정확한 내용과 세세한 표현들은 이해하지 못했지만 자기 나름대로 성경의 중요성을 수용하고 인정했다. 본래 게르만족은 철학이나 수학처럼 머리를 쓰고 추상적으로 생각하는 것을 매우 싫어하는 민족이었다. 따라서 이미 그리스도교를 설명하는 방식으로 널리 사용되었던 '실체' '본성' '위격' 등의 추상적인 용어들의 사용만으로는 선교에 효과를 거둘 수 없었다. 오히려 금은 세공과 태피스트리 등 수공업에 뛰어난 재능을 보였던 게르만족은 자신들도 가장 중요한 책으로 인정한 성경을 금박과 다양한 보석으로 장식했다. 이러한 관습은 현재까지 이어져 대미사를 할 때 부제나 사제가 황금색으로 덮여 있고 각종 아름다운 돌로 장식된 복음서를 들고 행렬하는 경우가 있는데, 이것도 금은 세공이 발달했던 게르만족의 문화로부터 나온 것이다.

이러한 성경 장식에서도 드러나듯이 이제 서유럽에서는 그리스도교가 사회 전체의 가장 중요한 사상적 기반이 되었다. 그리하여 게르만족의 신자들은 그리스도교의 정신에 따라 사고하며 이를 삶 속에 깊숙이 받아들이기 시작했다.

초기 그리스도교 시절에 그리스-로마 문화와 만나면서 성경의 주요 가르침이 추상적인 철학 개념을 통해 더욱 정교하게 표현되었다면, 이제 문맹률이 90퍼센트가 넘는 게르만족을 위해 성경은 '눈으로 보고 손으로 만질 수 있는 성경'으로 다시 한 번 토착화할 필요가 있었다. 그레고리우스 대교황은 선교에 대한 뛰어난 열정과 비그리스도교인의 문화에 대한 이해를 지니고 있었으며, 현대인들에게도 의미심장한 선교 방법을 제시했다. 그는 문화에 대한 우월의식을 가지고 기존 그리스도교의 모든 관습을 강요하지 말고 수용자의 관습 안에서 연결점을 찾아 그것을 그리스도교의 정신으로 승화시키라고 조언했다.

"이전과 같은 방식으로 그들이 기쁨을 외적으로 표현할 수 있도록 해준다면, 참된 내적 기쁨이 무엇인지도 더 쉽게 알아듣도록 이끌어 주는 셈이 될 것입니다. 거친 사람들을 단번에 교화한다는 것은 불가능한 일입니다. 무릇 산에 오를 때에는 단숨에 뛰어오르는 것이 아니라 한발 한발 천천히 오르는 것입니다."(『서간집』 11, 56)

이미 초기에 그리스 철학을 수용하면서 뚜렷한 방향성을 지니게 된 그리스도교였지만 게르만족을 만나면서 또 한 번 중요한 변화를 겪게 되었다. 이러한 토착화 과정은 다양한 문화를 접하게 되는 현대 사회에서 어떠한 태도가 필요한지를 돌아보게 한다. 우리나라 국민은 자신이 지닌 오랜 역사와 문화에 대한 상당한 자부심을 지니고 있다. 그래서 서구인들이 이를 무시하는 태도를 보일 때는 매우 분개하기도 한다. 그렇지만 우리는 일상에서 접하게 되는 외국인들의 다양한 문화에 대해 어떤 태도를 지니고 있을까? 게르만족에게 그리스도교가 전파된 과정은 새롭게 접하는 문화와 대화하는 방법을 되돌아보게 해준다.

찬란했던 비잔틴 제국에 드리운 그림자
성화상 논쟁

터키 이스탄불에 있는 성 소피아^{Hagia Sophia} 성당은 인류 역사상 최고의 건축물 중 하나이다. 중앙 돔의 높이는 55미터가 넘고, 직경은 30미터가 넘는다. 돔 아래 작은 창문으로는 마법과 같은 빛이 들어와 성당 전체를 가득 채운다. 성당을 장식하고 있는 금빛 모자이크들은 신비스러움마저 자아낸다. 한편 이슬람교 주요 인물들의 이름이 새겨진 8개의 서예 원판들은 이와 묘한 대조를 보인다. 이처럼 그리스도교와 이슬람교의 유물이 뒤섞인 성 소피아 성당은 지난 1,500년의 세월을 담은 타임캡슐인 셈이다. 몇 차례 재건 작업이 이루어졌지만 초기 모습은 그대로 유지되고 있다.

이 놀라운 건축물을 건립한 이는 유스티니아누스 대제^{Justinianus I, 481~565}이다. 당시 비잔틴 제국은 1만 명의 인부를 성당 건축에 동원할 수 있는 재력과 더불어 뛰어난 건축 기술도 보유하고 있었다. 유스티니아누스는

교회에 대한 열정과 헌신으로 '성인'과 '대제'의 칭호를 받은 유스티니아누스 1세. 인류 역사상 최고의 건축물 가운데 하나인 성 소피아 성당 건축과 더불어 로마법 전체를 체계적으로 집대성한 『유스티니아누스 법전』을 편찬하는 등 그는 비잔틴 제국이 로마 문화를 계승하는 데 큰 공헌을 했다.

자신 이전의 로마법 전체를 체계적으로 집대성한 『유스티니아누스 법전』*Codex Justinianus*을 통해 더욱 유명해졌다. 이 법전은 이후 새롭게 법을 정비하려는 모든 이에게 영감을 주는 원천이 되었다. 유스티니아누스의 활동 덕분에 비잔틴 제국은 로마 문화의 계승자가 되었는데, 비잔틴이란 단어는 콘스탄티노플의 옛 이름 '비잔티움'*Byzantaeum*에서 유래한 것이다. 그런데 이토록 찬란했던 비잔틴 제국이 왜 급속히 쇠퇴하게 되었을까?

비잔틴 제국의 쇠퇴

비잔틴 제국은 서로마 제국의 멸망에 자극 받아 군대에 강력한 힘을 실어주었다. 그러나 군대는 기대를 저버린 채 그 힘을 정권 찬탈에 남용했다. 특히 유스티니아누스 대제가 죽은 후 1세기 동안 비잔틴 제국은 극심한 혼란에 시달렸다. 반란을 일으킨 장군이 황제를 폐위하고 권력을 잡으면 이에 대한 복수를 빌미로 또 다른 쿠데타가 이어졌다. 이 틈을 타 주변의 아바르족과 페르시아인들의 침입이 부쩍 늘었다. 그래도 이들은 약탈하고 물러났다는 점에서 제국 자체를 위협하지는 않았다. 그러나 북쪽에서 새롭게 등장한 슬라브족은 아예 발칸 반도 지역에 상당한 규모의 정착촌을 건설했다.

비잔틴 제국의 정부는 권력 다툼에 몰두한 나머지 외세 침략에 시달리는 국민들을 전혀 보호하지 않았다. 국민들은 이익만 탐하는 지도자들에게 완전히 등을 돌렸다. 그리하여 7세기에 이슬람 세력이 비잔틴 제국으로 쳐들어 왔을 때 목숨을 바쳐 조국을 지키려는 국민들은 남아 있지 않았다. 결국 비잔틴 제국은 오늘날의 시리아와 터키의 대부분에 해당하는 영토를 잃고 급격히 쇠퇴했다.

민심 이반의 원인이 된 '성화상 논쟁'

비잔틴 제국의 민심 이반을 더욱 부추긴 사건이 바로 '성화상聖畫像 논쟁'이다. 정권의 정당성을 확보하지 못한 쿠데타 세력은 모든 수단을 동원해 자신의 세력을 유지하기 위한 재원을 마련하고 이에 반대하는 종교 세력을 약화시키기 위한 책략을 모색했다.

초기 그리스도교인들은 우상숭배를 금지한 유대 율법의 영향을 받아 성상聖像을 만드는 일에 부정적이었다. 그러나 신앙의 자유를 얻은 이후 갑자기 늘어난 신자들을 위해 더 구체적인 표현이 필요했다. 이미 6~7세기에 이르자 성화가 교회, 수도원, 카타콤, 가정집을 장식할 정도로 대중화되었다. 성 소피아 성당의 다양한 모자이크들도 이런 분위기 속에서 제작된 것이다. 이 과정에서 일부 신자들은 특정 성화들이 치유, 외적의 침입 방지, 이교도의 개종 등 주술적인 힘을 지닌다고 믿었다. 이처럼 성숙하지 못한 성화상 공경을 일부 신학자들이 비판하면서 성화상 논쟁이 시작되었다.

비잔틴 제국의 황제 레오 3세^{Leo III, 675?~741}는 아랍인들의 침공을 막아낸 뒤 자신이 그리스도교의 구원자인 동시에 사제司祭이자 왕이라는 자부심을 가지게 되었다. 그는 주로 제국의 동쪽에 있었던 이단자들이나 이교도들이 성화상 공경을 반대하자 이들을 포용한다는 명목 아래 성화상 파괴를 명령했다.

726년에 시작된 '성화상 파괴운동'^{iconoclasm}은 레오 3세의 아들 콘스탄티누스 5세^{Constantinus V, 718~75}에 의해 더욱 격렬해졌다. 광적인 성화상 반대론자였던 콘스탄티누스 5세는 753년 히에리아^{Hieria}에서 338명의 주교를 모아 교회 회의를 열었다. 그리고 주교들을 위협해 자신의 의도대로 "성화상 공경은 우상 숭배"라는 결의를 이끌어냈다. 이를 근거로 성인 유해 공경, 성모 마리아께 기도드리는 행위까지 단죄하고 박해했다. 대다수의 주교들은 이에 굴복한 반면, 수도자들은 순교를 마다하지 않으며 반대했다. 성화상에 대한 공격은 비잔틴 제국 안에서 큰 파문을 일으켰다. 성화상을 공경하던 백성은 황제와 주교들을 불신하고, 성화상 파괴정책에 맞서 싸우는 수도자들에게 의지하게 되었다. 더욱이 제국의 동쪽을 점령한 이슬람의 왕 칼리프 예지드 2세^{Caliph Yezid II}가 모든 성당 안의 성화상들을 파괴하자 국민감정은 더욱 악화되었다. 황제의 반대자

'성화상 파괴운동'을 주도했던 황제 레오 3세와 그의 아들 콘스탄티누스 5세. 이들은 성화상 공경은 우상숭배라는 데서 더 나아가 성인 유해 공경과 성모 마리아에게 기도드리는 행위까지 단죄하고 박해함으로써 비잔틴 제국 내에서 큰 파문을 일으켰다.

이며 성화상에 대한 정통 교리를 발전시킨 다마스쿠스의 요하네스^{Joannes Damascenus, 675?~749?}는 성화상 파괴자들을 반대하는 강력한 변론을 썼다.

이후 황제가 바뀌며 박해는 약화되었고, 어린 아들의 섭정을 맡은 황후 이레나^{Irena, 752?~803}는 전임자들의 성화상 파괴정책을 중지했다. 황후 이레나는 콘스탄티노플의 총대주교와 함께 로마 교황과 협상한 후 787년 제2차 니케아 공의회를 개최했다. 이 공의회는 오히려 성화상 파괴자들을 단죄하고 성모 마리아 신학과 성인 공경, 성화상 공경에 대한 교리를 확정지었다. 이를 위해 '흠숭'^{latreia}은 하느님께만 해당되고 '공경'^{proskynēsis}은 피조물에게도 해당된다는 구별법을 활용했다. 이러한 구별을 통해 성화상 공경의 교의적 기반이 마련되었지만, 공의회에서는 공경을 남용하는 것도 경계했다.

그 후 814년 레오 5세^{Leo V, 775~820}가 황제로 즉위하자, 다시 한 번 박해의 광풍이 몰아쳤다. 그는 성화상 파괴주의자들인 군부가 세운 황제였기 때문이다. 그러나 박해는 오래가지 못하고 레오 5세의 뒤를 이어 황후 테오도라$^{Theodora, 815?~67}$가 어린 아들 대신 섭정하면서 막을 내렸다. 하얗게 회칠로 가려졌던 벽면의 모자이크들은 다시 복원되었고, 이제 사람들은 다시 성화상을 공경할 수 있게 되었다. 더욱이 사순절 첫 주일에 성화상을 공경하는 축제를 지내고 이후 동방 교회에서 이날을 '정교회의 대축일'로 정했다.

성화상 논쟁에는 민감한 신학적 주제도 포함되어 있었지만, 정치적 측면이 더 강하게 작용했다. 성화상 파괴운동이 벌어질 당시 비잔틴 제국은 이슬람의 진출과 슬라브 민족의 남하를 막기 위해 전쟁을 치르느라 막대한 자금이 필요했다. 그래서 황제들은 수도원이 갖고 있던 광대한 토지와 면세권을 빼앗아 자금을 마련하려 했던 것이다. 또한 절대군주를 꿈꾸던 레오 3세는 자신의 권위에 예속되지 않는 수도원의 힘을 약화시킴으로써 교회의 정치 참여를 원천적으로 차단하고자 했다. 비잔틴 황제들은 이러한 목적으로 신학적인 논쟁을 이용했다. 성화상 논쟁은 우상숭배 등 교의적인 문제를 떠나 교회가 전제정치로부터 벗어나려는 투쟁의 성격을 띠게 되었다.

성화상 파괴운동은 결국 실패로 돌아갔지만, 이로 인한 혼란은 서방 교회와의 관계에도 지대한 영향을 끼쳤다. 서방 교회의 로마 교황들은 성화상 파괴 중지 요구와 더불어 비잔틴 제국 황제가 교의 문제에 간섭하지 말 것을 요구했다. 이에 대한 반동으로 비잔틴 제국 황제는 교황들을 체포하기 위해 무력을 사용했고, 남부 이탈리아의 교회 재산도 몰수했다. 한편 서방 교회에서는 제2차 니케아 공의회의 결의 사항 가운데 몇몇 대목이 잘못 전달되어 성화상 문제가 신학상 문제가 되었다. 프랑크족 주교들에게는 그리스어 '흠숭'과 '공경'의 구별에 상응하는 라틴어 표현이 없었기 때문에 성화상에 대한 동방에서의 이른바 '흠숭'을 부당하게 논박했다. 그러나 차츰 니케아의 결정을 받아들였으며 이 반대논쟁은 실제적으로 10세기에야 끝났다. 이로부터 점점 커진 동방 교회와 서방 교회의 입장 차이는 후대에 동·서방 교회를 분열시키는 계기가 된다.

'박물관'이 되어버린 비잔틴 제국

성화상 논쟁 이후에도 비잔틴 제국의 황제는 여러 가지 정치적·외교적 술수를 통해 강대해진 수도원 세력과 이를 추종하는 국민들을 통제하는 방법을 찾았다. 이전의 지도자들처럼 국민들의 안녕에 관심이 없는 지도자들은 신임을 얻지 못했고, 이는 국력이 취약해지는 것으로 이어졌다. 결국 성화상 논쟁으로 인해 비잔틴 제국의 황제는 실권을 잃었고 국민들로부터 외면당했다. 그 와중에 11세기 말 대규모 셀주크 튀르크족이 비잔틴 제국을 침입하는 일이 벌어졌다. 막아낼 힘이 없었던 황제는 로마 교황에게 도움을 요청했고, 이것이 십자군 전쟁으로 이어졌다. 그러나 비잔틴 제국은 보호받기는커녕 1204년 제4차 십자군 전쟁에서는 십자군의 공격 대상으로 전락해 치욕적인 약탈을 당하고 말았다. 그 후 비잔틴 제국은 1453년 오스만 튀르크의 침입으로 멸망할 때까지 국가의 명맥을 유지하기에 급급할 뿐 예전의 영화는 결코 되찾지 못했다.

비잔틴 제국의 수도회 세력Studiti은 국가의 부당한 탄압에 맞서면서 단합된 힘과 국민들의 지지를 얻었다. 하지만 이 세력은 이후 변화되는 상황에 따라 발전한 새로운 경향을 흡수하기에는 지나치게 경직된 사고를 지니고 있었다. 비잔틴 제국 내에서도 서방에서 발전한 스콜라 철학의 경향을 흡수하고 인간 이성을 활용하여 종교 문제들을 해결하려는 경향

성 소피아 성당 내부. 오늘날 이 성당은 성상 공경과 성상 파괴의 역사를 고스란히 간직하고 있다. 또한 이 건물은 그리스도교의 대성당도 이슬람의 모스크도 아닌, 박물관이라는 사실이 매우 의미심장하다.

이 나타났다. 그러나 동방 교회에서는 헤시카스트 운동Hesychasmus이라는 극단적으로 명상을 추구하는 신비주의적인 경향이 주류를 이루었다.

비잔틴 제국은 더 이상 침체된 분위기를 혁신할 계기를 마련하지 못했다. 제국 자체는 1,000년 넘게 지속되었지만, 내부를 들여다보면 6세기에 절정을 이룬 찬란한 문화를 간직한 채 과거에 갇혀 버린 셈이다.

오늘날 성 소피아 성당이 그리스도교의 대성당도 이슬람의 모스크도 아닌, 박물관이라는 사실 또한 매우 상징적이다. 이 건물은 성상 공경과 성상 파괴의 역사를 고스란히 담고 있으면서 현대인들에게도 중요한 성찰의 계기를 제공한다. 성화상 파괴론자들은 성화상 공경을 우상숭배라고 폄하했다. 그러나 몇몇 비잔틴 황제는 정치적인 욕심 때문에 성화상 파괴 명령을 내렸으니, 이처럼 돈과 권력만을 숭상하는 행위가 오히려 더 우상숭배에 가깝지 않은가. 현대인들 역시 부나 육체적 쾌락을 모든 것에 우선하는 최고 가치로 여긴다면 우상숭배에 빠진 비잔틴 제국의 황제들과 다를 바 없을 것이다.

구원받을 사람은 미리 정해져 있는가
예정론 논쟁과 에리우게나

신문이나 잡지에 별점이나 사주 항목이 들어가 있을 정도로 인간들은 대부분 미래에 대한 강한 호기심을 가지고 있다. 많은 이가 특별한 관심을 보이는 것은 금전운, 직장운, 궁합 등 세속적인 성공과 깊은 연관을 맺고 있다. 중세인들도 물론 미래에 대해 궁금증을 지니고 있었지만 그들에게는 더 중요한 질문이 마음속에 자리 잡고 있었다. "나는 과연 구원받을 수 있을까?" 성경 곳곳에 나와 있는 구원과 심판에 대한 언급이 두려움을 불러일으켰기 때문이다. 잘 알려져 있지 않지만 "하느님께서 구원받을 자와 영벌을 받을 자를 미리 정해 놓으셨는가"라는 '예정론'豫定論 논쟁이 이미 스콜라 철학이 태동하던 9세기에 벌어졌다.

스콜라 철학 초기에 나타난 고트샬크의 이중예정론

예정론 논쟁은 카를 대제의 문예부흥이 결실을 거두면서 학교 제도가 개편되고 논리학과 문법학을 포괄하는 변증론이 빠른 속도로 발전하는 것을 배경으로 벌어졌다. 이 논쟁을 일으킨 것은 어린 나이에 수도원 학교에 입학했던 고트샬크Gottshalk, 801?~70?였다. 고트샬크는 변증론과 성경 공부에서 뛰어난 재능을 보이면서 스승들의 기대를 한몸에 받았다. 그렇지만 정작 사춘기에 접어든 고트샬크 자신은 수도원에서 평생을 살아갈 마음이 없었다. 스승들에게 수도원 학교를 떠나게 해달라고 청했지만 그의 재능을 아꼈던 수도원장과 주교는 이를 허락하지 않았다. 결국 수도원 학교의 교사로서 살아가게 된 고트샬크는 자신의 재능 때문에 유명해졌다. 그렇지만 그는 하느님께서 신의 나라에 속할 인간들과 악마의 노예가 될 인간들을 이미 결정해 놓으셨다는 '이중예정론'을 주장해서 논란을 일으켰다. 고트샬크는 개인의 자유를 무시당한 자신의 부정적인 체험이 영향을 끼쳐서 이렇게 엄격한 이론을 주장하게 된 것일까? 수도회의 장상과 주교가 보기에 그의 이론은 영원한 운명이 우리의 행위와 무관하게 예정되어 있음으로써 사회적 질서를 파괴하고 선교 활동을 폄하하는 것처럼 보였다. 이러한 입장을 철회하고 싶었지만 이미 변증론에서도 탁월한 능력을 보여준 고트샬크는 더 이상 윽박지를 수 있는 어린 소년이 아니었다.

예정론 문제를 해결하며 등장한 에리우게나

　곤경에 빠진 교회 지도자들을 구해줄 뛰어난 학자가 혜성과 같이 등장했으니 그가 바로 요하네스 스코투스 에리우게나Johannes Scotus Eriugena, 810~80였다. 교육 수준이 높았던 아일랜드에서 자라난 그는 라틴어는 물론 그리스어까지 능통한 뛰어난 실력자였다. 그는 고트샬크의 책을 읽고 그의 주장을 논박하기 위해 자신이 지닌 뛰어난 변증론의 지식을 활용했다. 에리우게나에 따르면, 신이 절대적 단순성을 지니고 계시기 때문에 이중예정론은 터무니없는 주장이다. 신은 흘러넘치는 선善이기 때문에 죄인의 죽음을 원치 않으며 모든 인간의 구원을 원한다. 죄인에 대한 진정한 벌은 그 죄인이 자신에게 내릴 뿐이다. 에리우게나는 성경에 대한 해박한 지식과 변증론을 활용한 치밀한 논변으로 고트샬크의 주장을 무력화시켰다. 교회 지도자들은 위험한 고트샬크를 무찌른 에리우게나에게 찬사를 보냈지만 그가 더 위험해 보이는 주장을 펼치는 것을 보고 경악을 금치 못했다.

　에리우게나는 이중예정론을 반박하는 것에 그치지 않고 자신이 성경 연구를 통해 찾아낸 종말론에 대한 여러 생각들을 가르쳤다. 예를 들어 그는 이중예정론을 부정했을 뿐만 아니라 인간의 자유를 강조하며 어떠한 예정도 존재하지 않는다고 주장했다. 또한 죄를 지은 자들에 대한 처벌은 불타는 공간으로 생각되는 지옥에서 이루어지는 것이 아니라 죄인의 후회가 바로 지옥이다. 지옥과 같은 것을 특정한 장소적 개념으로 여길 필요가 없다는 에리우게나의 주장은 당시 뜨거운 불이 타고 있는 땅 밑의 지옥만을 생각하던 신자들에게는 청천벽력과 같았다. 에리우게나의 주장은 그가 논박한 고트샬크의 이론보다 더 큰 논쟁을 불러일으켰고 교회에서 단죄될 상황에까지 이르렀다.

성경 연구를 위해 변증론 논의를 수용한 에리우게나

마침 에리우게나의 재능을 아꼈던 카를 대머리왕Karl der Kahle, 823~77이 직접 개입해 그에게 새로 발견된 『위僞디오니시우스 전집』Pseudo Dionysius을 그리스어에서 라틴어로 번역하는 작업을 맡겼다. 이는 자신의 왕국에서 가장 뛰어난 재능을 가진 학자를 보호하기 위한 조치였다. 에리우게나는 이 작업을 훌륭하게 완성했다. 그뿐만 아니라 자신의 기존 신학지식과 번역 작업을 통해서 새롭게 얻게 된 통찰력을 집대성해 『자연 구분론』De divisione naturae이라는 대작을 남겼다. 그 안에서 그는 존재하는 모든 것을 포괄하는 용어로 사용된 '자연'을 분석했다. 에리우게나는 이 저작을 통해 신이 말씀으로 세계를 창조한 순간부터 아담의 추방, 육화로 이어지는 역사를 통해 우주의 통일성 있는 원리를 설명하고, 세계의 기원이 되었던 신과 다시 합일되는 과정을 보여주었다.

에리우게나는 이렇게 자신이 철학에서 배운 용어들을 토대로 백과사전적 지식을 총정리했지만 그의 핵심적인 관심은 성경을 통해 얻은 지혜였다. 그는 자연과 성경이 세계에서 신이 모습을 드러내는 두 장소라고 믿었다. 성경은 진리의 지식을 향한 길을 보여주고, 구체적인 언어로 표시된 성경의 내용들은 암시적이고 표징을 가득 담고 있는 자연 안에서도 발견될 수 있다. 실제로 그는 '영적인 독수리'라는 별명을 지닌 성요한 복음사가를 지성인의 표상이라고 칭송했으며, 특별한 애정을 지니고 『요한복음서 서문에 대한 주해』를 저술했다.

과도한 예정론을 비판한 에
리우게나. 9세기에 활동했던
그는 과도한 예정론에 대해
의문을 제기하면서 '모든 이
를 구원하기를 원하시는 신
에 대한 신뢰'를 표명했다.

그럼에도 그는 자유학예에 대한 연구에서 중요한 이성적 규범이 적절
하게 응용된다면 신학적 논제를 전개하는 데 유용하다고 주장했다. 실제
로 그는 카를 대제의 문예부흥을 통해 알려진 그리스-로마의 전통에서
유래한 변증론을 바탕으로 성경을 주의 깊게 분석하는 과정을 발전시켰
다. 이러한 그의 태도는 진정한 종교와 진정한 철학에 차이가 없다고 주
장한 아우구스티누스를 따른 것이었다.

많은 신앙인이 자신이 구원받을지에 대한 확신을 얻고자 한다. 그러나
신의 섭리는 인간의 자유를 없애 버리는 강제력을 지니지 않는다고 아
우구스티누스를 비롯한 여러 학자들이 강조해 왔다. 이 지상에서 '순례
자의 길'을 걸어가는 동안 결코 알 수 없는 결론에 대해 지나친 호기심을
가지거나 불안에 떨며 살아갈 필요는 없다. 오히려 과도하게 죽음 이후
의 세계에 대한 두려움을 불러일으키며, 이를 통해 신도들의 자유를 억
압하는 성직자들을 만나면 경계해야 한다. 이미 9세기에 활동했던 에리

우게나가 과도한 예정론에 대해 정당한 의문을 제기하면서 '모든 이를 구원하기를 원하시는 신에 대한 신뢰'를 보였다. 그렇다면 현대인들은 더욱 깨어 있어야 한다. 두려움 때문에 사이비 종교인들에게 조작되기보다는 자신의 재능을 이웃 사랑에 활용하면서 신의 뜻을 이해하기 위해 노력하면서 살아가야 할 것이다.

위대한 신비가의 빛과 그림자
클레르보의 베르나르두스

　서양의 11세기와 12세기는 캔터베리의 안셀무스의 활약 등을 통해 스콜라 철학이 비약적으로 발전한 시기이다. 그렇지만 당시의 모든 사람이 스콜라 철학에 감동했던 것은 아니다. 오히려 그리스도교 신앙이 이성과 논리에 지나치게 의존하여 뜨거운 가슴의 종교가 아니라 찬 머리의 종교가 되는 것을 경고했던 사상가들이 있었다. 시대적 변화와는 달리 전통적인 신앙을 지키려고 노력했던 이들의 지도자는 '최후의 교부'라고 불리는 클레르보의 베르나르두스^{Bernardus Claraevallensis, 1090~1153}였다. 그렇지만 그리스도교 안에서의 호의적인 평가와는 달리 그에 대한 비판적인 평가 또한 결코 적지 않다. 도대체 그가 누구이길래 이렇게 상반된 평가를 받고 있을까?

성경과 그리스도 중심의 영성

베르나르두스는 1090년 퐁텐-레-디종Fontaine-lès-Dijon의 작은 귀족 가문에서 태어났다. 그는 22세에 형제와 친척이 포함된 귀족 30여 명과 함께 시토 수도회Cistercian order에 입회했다. 시토 수도회는 대형화한 클뤼니 수도원을 비판하면서 사도 시대의 청빈과 베네딕투스 규칙의 순수성으로 되돌아가기 위해 설립된 개혁 수도회였다. 영성 훈련 기간이 끝난 후 수도회의 장상은 시토가 많은 회원으로 붐비는 것을 완화하기 위해 베르나르두스와 친지들을 클레르보로 보내 기초를 새로이 닦도록 했다. 이후 베르나르두스는 수도원을 66개나 설립하며 큰 영향력을 발휘했으므로 '제2의 시토회 창설자'로 불린다. 그리하여 그는 12세기 중기에 교회에서 가장 중요한 인물이 되었다.

베르나르두스는 베네딕투스 수도회 영성의 전통 및 관례를 따라 성경 묵상을 다른 모든 것의 출발점으로 여겼다. 이에 덧붙여 교부들, 예를 들면 오리게네스, 히에로니무스, 아우구스티누스 및 그레고리우스 대교황 등의 주해를 읽으며 영감을 받았다. 그의 영적 가르침은 철저하게 그리스도 중심적이었다. 베르나르두스에게 성경은 그리스도의 신비 외에 어떤 다른 신비도 지니지 않는다. 왜냐하면 그리스도께서 성경의 일치와 의미를 부여하기 때문이다. 베르나르두스는 요한 사도의 말씀을 그리스도 신비의 핵심으로 여겼다.

> "하느님의 사랑은 우리에게 이렇게 나타났습니다. 곧 하느님께서 당신의 외아드님을 세상에 보내시어 우리가 그분을 통하여 살게 해 주셨습니다."
>
> (「요한1서」 4:9)

그런데 베르나르두스에 따르면, 그리스도의 신비를 계시하는 성경은 교회 안에서, 또 교회에 의해서만 바로 이해될 수 있다. 따라서 그리스도인이 그리스도의 신비와 동화되어 완전해지려면 교회의 교리, 성사 및 전례생활에 참여해야만 하는 것이다.

애덕의 박사, 사랑에 대한 묵상

또한 베르나르두스는 성 아우구스티누스와 함께 '애덕愛德의 박사'라고도 불린다. 신에 대한 사랑이 성장하는 단계를 베르나르두스는 육체적·타산적·효경적·신비적 단계로 구분했다. 인간은 자신을 위해 자연본능적으로 '육체적 사랑'을 지닌다. 이것이 은총에 의해 초자연화될 때 그리스도의 인간성과 지상 생애의 사건에 초점을 두기 시작한다. 그렇지만 이런 사랑은 종종 인간이 신으로부터 얻는 이익 때문에 신을 사랑하는 비굴한 사랑인 '타산적 사랑'으로 변질된다. 그러나 베르나르두스에 따르면 더 큰 성령의 은사가 있다. 신을 우리 아버지로 보는 사욕이 없는 사랑인 '효경적 사랑'과 신에 대한 순수한 사랑으로서 사욕이 전혀 없는 사랑인 '신비적 사랑'이 그것이다. 그는 "신비적 사랑의 단계에 도달하면 '아버지의 뜻이 하늘에서와 같이 땅에서도 이루어지이다'라고 기도할 뿐"이라고 말한다.

베르나르두스는 물론 현세에서 신을 사랑함에는 끝이 없고 인간은 절대적 완성에 이를 수 없음을 인정한다. 그렇지만 그리스도인은 더 큰 완덕完德을 위해 노력할 의무를 지니고 있다. 이렇게 완덕으로 나아가기 위해서는 겸손의 덕이 필수적이다. 베르나르두스에 따르면 겸손은 인간 스

'최후의 교부'이자 '애덕(愛德)의 박사'라 불린 클레르보의 베르나르두스. 그는 12세기 전반기 최고의 영적 스승이자 신비주의자였지만, 제2차 십자군 운동을 주창하거나 새로운 철학의 흐름이었던 논리적·이성적 세태를 배격하여 신학적인 사고의 발전을 더디게 만들었다는 평가도 동시에 받고 있다.

스로 자신이 근본적으로 죄인임을 깨달은 결과로 나타난다. 또한 은총과 신의 사랑이 충만해진 사도는 관상가인 동시에 활동하는 인간이라야 한다. 먼저 자기 영혼의 성화를 위해 노력한 후에 다른 이들의 영혼을 성화하는 데 전념해야 한다는 것이다.

베르나르두스가 드리운 그림자

베르나르두스는 신에 대한 열정적인 사랑으로 많은 제자에게 영감을 주었지만, 또 다른 관점에서 볼 때 모든 면에서 올바른 방향을 제시한 것은 아니었다.

우선, 1146년 제1차 십자군이 주둔해 있던 에데사가 이슬람에게 함락되자, 베르나르두스는 교황의 설교특사로서 제2차 십자군운동을 주창했다. 그는 모든 세속적인 것을 포기하는 자세와 순수한 용서를 실천하는 새로운 의미의 십자군을 권유했다. 그의 설교에 감동을 받은 많은 사람들이 바로 십자군에 가담했다. 그러나 십자군 '전쟁'을 위한 그의 설교는 참담한 결과를 낳았다. 그는 물론 금전적인 이득이나 이교도들에 대한 살상을 목적으로 한 기존의 십자군 관행을 비판했다. 그렇지만 전쟁의 광기는 유대인을 비롯한 많은 무죄한 사람의 학살을 야기했고 베르나르두스는 안타깝게도 이를 통제할 수 없었다.

또한 그는 당시 크게 유행하던 스콜라 철학이 명상보다 논리적이며 이성적인 판단을 앞세우는 것에도 거부감을 표시했다. 특히 아벨라르두스 Abaelardus라는 12세기 스타강사가 논리학은 물론 신학적인 주제에 대해 토론하면서 프랑스의 젊은이들을 사로잡는 것을 보고 분노했다. 베르나르두스에게는 아벨라르두스가 자신의 지성이라는 추한 손가락으로 대담하게 삼위일체를 포함한 모든 그리스도교의 거룩함을 더럽히는 것으로 보였다. 베르나르두스는 아벨라르두스를 박해하고 단죄하는 데(1140) 앞장섬으로써 신학적인 사고의 발전을 더디게 만들고 말았다. 결국 그의 비판은 스콜라 철학 전체가 아벨라르두스의 정신을 따라가는 것을 막아낼 수 없었다.

베르나르두스는 한편으로 12세기 전반기 최고의 영적 스승이었다. 특히 『아가 설교』Sermones in Canticum Canticorum로 대표되는 베르나르두스의 신비주의는 수세기 동안 독일과 스페인의 신비주의자들을 거쳐 마르틴 루터와 경건주의자, 이신론자, 장 자크 루소, 젊은 괴테에까지 영향을 끼쳤다. 그러나 다른 한편으로 그는 아쉽게도 시대의 징표를 제대로 읽지 못했고, 그를 추종하던 많은 그리스도교인에게 예상치 못한 어려움을 남겼다. 우리나라의 교회에서도 개인적인 성공을 비는 기복적인 신앙이 널리 퍼져 있다. 정통 신앙이라는 미명 아래 종교가 사회에서 해야 하는 책임을 다하는 다른 종교인들에게 비판을 퍼붓기도 한다. 엄청난 영향력을 지녔지만 추종자를 혼돈에 빠뜨리기도 한 베르나르두스는 개인적인 신심만을 강조하는 교회 지도자들이 빠질 수 있는 위험을 알려주는 타산지석으로 남은 셈이다.

'교육은 백년지대계' 서구 학문의 기초를 닦다
카를 대제의 문예부흥

"교육은 백년지대계百年之大計이다." 수없이 들어서 당연히 여겨지는 이 말이 우리나라의 교육 현장에서는 점차 무색해지고 있다. 맞춤형 보육과 학교 무상 급식은 차치하고라도 국가의 미래에 직접적으로 연관되는 대학 교육마저 위협받고 있다. 'LINC 사업' 'PRIME 사업' 'CORE 사업' 등 근시안적인 프로젝트들에 거의 대부분의 대학이 이리저리 휘둘리고 있다. 이런 사업을 기획하는 이들은 이른바 시장의 원리를 그대로 교육 현장에 적용하려 한다. 그래서 막대한 자본만 투자하면 교육의 성과도 짧게는 1~2년, 길어봤자 3년이면 다 수확할 수 있다고 착각하는 듯하다. 이와 같은 교육계 풍토에 경종을 울리는 인물을 우리는 중세 시대에 만날 수 있다. 그가 바로 '샤를마뉴'라고도 불리는 카를 대제Karl der Große, 742~814이다. 프랑크 왕국을 통일한 정복자로 알려진 그가 도대체 어떤 일을 했기에 우리 교육의 멘토가 될 수 있을까?

서방 세계의 최고 통치자, 카를 대제

카를 대제는 742년경에 프랑크 왕국의 왕 피핀Pepin the Short, Pippin, 714?~68의 맏아들로 태어났다. 카를 대제의 가장 큰 업적은 물론 프랑크 왕국의 영토를 크게 확장한 일이다. 프랑크족의 전통적인 보병대를 중무장 기병대로 탈바꿈시켜 오늘날의 프랑스, 독일, 이탈리아, 스페인, 오스트리아, 헝가리 지역을 손에 넣었다. 또한 경제개혁을 추진하고 무역을 부흥시키는 등 로마 멸망 이후 유럽에 등장한 가장 강력한 정부를 구성했다.

카를 대제는 군사적 승리와 문화적 업적으로 인해 서유럽인의 민족적 영웅으로 추앙받고 있다. 더욱이 800년에는 로마 교황에게서 황제의 관을 받음으로써 서구 그리스도교 세계의 최고 통치자가 되었다. 그때까지 황제라면 으레 콘스탄티노플의 비잔틴 황제를 떠올렸고, 그만이 로마 황제의 정통 계승자임을 주장할 수 있었다. 그래서 당시 비잔틴 황제는 대부분의 실권을 잃어버렸으면서도 여전히 서유럽을 제국의 변방 정도로만 간주했던 것이다. 카를 대제의 황제 대관은 프랑크 왕국에 통일감과 목적의식을 부여하는 데 기여했으며, 찬란한 서유럽 문화 형성을 향한 중요한 이정표가 되었다.

카를 대제의 문예부흥

카를 대제는 수많은 전쟁을 치르느라 제대로 교육을 받지 못했다. 그래서 왕위에 올랐을 때 글을 읽기는 하지만 제대로 쓰지 못했다. 그렇지만 그는 지적 호기심이 왕성했고, 로마 제국의 신화, 언어, 문화 등에 매

15세기 르네상스 이전 '카롤링거 르네상스'를 이끈 카를 대제. 비록 카를 대제 자신은 글을 제대로 읽거나 쓰지 못했지만 잉글랜드 출신의 뛰어난 학자 앨퀸을 등용하여 서구 문명사에 중요한 문예부흥을 가져왔다.

혹되어 광대한 제국을 문화적으로 쇄신하기를 원했다. 그래서 아헨Aachen에 있던 자신의 왕궁에 재능 있는 학자들을 모아 고대 문학의 '문예부흥'Renaissance을 일으켰다. 동시에 그는 자신을 그리스도교 제국 전체의 황제라고 생각해서 그리스도교의 제도와 신학에 대한 개혁을 시도했으며, 특히 수교의 책부, 교구의 설립, 성당의 참사회 조직, 모든 신자의 예배 참석 등에 힘썼다. 또한 그는 권력과 결탁한 정치적인 수도원장들의 부정과 축재가 계속되자 수도원 제도의 개혁운동에도 착수했다.

카를 대제 대관식. 800년, 카를 대제는 로마 교황 레오 10세로부터 황제의 관을 받음으로써 서구 그리스도교 세계의 최고 통치자가 되었다.
프리드리히 카울바흐(Friedrich Kaulbach, 1822~1903)의 「카를 대제 대관식」(1861)

이 모든 계획을 실현하려면 매우 뛰어난 지성인이 필요했으나 프랑크 왕국 내에서는 적임자를 찾기가 쉽지 않았다. 이를 안타까워하던 카를 대제는 이탈리아 파르마의 회의에 참석했다가 눈에 띄는 학자를 발견했다. 중년에 접어든 그 학자는 모든 분야의 지식이 해박했을 뿐만 아니라 심지어 그리스어와 라틴어까지 능통했다. 카를 대제는 그야말로 프랑크 왕국의 교육을 개혁하기에 최적임자라는 확신을 가졌다. 이 학자가 바로 잉글랜드의 요크 출신 앨퀸Alcuin, 735?~804이었다. 요크는 8세기 무렵 그리스 출신 수도자가 캔터베리 대주교로 임명된 이래 학교와 도서관이 발전하면서 상당한 학문 수준을 유지하고 있었다.

앨퀸은 782년에 카를 대제의 명으로 아헨의 궁정학교를 새로이 재건하는 일에 착수했다. 과거에는 궁정학교가 왕실이나 귀족 자제들이 기사

카를 대제와 앨퀸. 앨퀸은 그리스도교 정신에 입각한 제국을 만드는 데 적임자가 카를 대제라 여겨 그의 개혁을 돕는 일에 헌신했다.
장-빅토르 슈네츠(Jean-Victor Schnetz, 1787~1870)의 「카를 대제와 앨퀸」(1830)

도를 훈련하는 목적으로만 존속해왔다. 카를 대제와 앨퀸의 개혁은 궁정학교를 근본적으로 변화시켰다. 이로 인해 전 유럽에서 훌륭한 학생들이 이 '국제적인 아카데미'로 모여들었다. 카를 대제는 궁정학교의 지식인들에게 다양한 문제를 제기했다. 그들과 함께 온천욕을 하는 동안에도 신학이나 철학 문제에 대해 논쟁을 할 정도로 열정적이었다.

앨퀸이 마련한 스콜라 철학의 기초

프랑크 왕국 안에 훌륭한 교사가 부족한 것도 문제였지만, 교육에 필요한 인프라도 제대로 구축되어 있지 않았다. 앨퀸이 왕국 내의 모든 도서관을 조사해본 결과, 장서량이 턱없이 부족했다. 앨퀸이 우선 도서관부터 건립하자고 제안했을 때 카를 대제는 이를 흔쾌히 수락했다. 그런데 이 계획을 실행에 옮기기란 결코 쉬운 일이 아니었다. 앨퀸은 도서관을 건립하기 위한 예비 작업으로 우선 값비싼 양피지를 확보해줄 것을 청했다. 결국 카를 대제의 명으로 프랑크 왕국 전체에서 생산된 양피지들은 아헨의 궁정학교와 투르에 있는 성 마르티누스 수도원 필사실로 운반되었다. 이 모든 일을 총괄한 앨퀸은 경험이 없는 새내기 필경사들 때문에 마음고생이 심했다. 그럼에도 그는 스스로 솔선수범하는 태도로 서적의 생산과 도서관의 설립을 진두지휘하여 성공적으로 이끌었다.

앨퀸은 그리스도교 정신에 입각한 제국을 만드는 데 적임자가 카를 대제라 여겼기 때문에 그의 개혁을 돕는 데 헌신했다. 앨퀸은 교육개혁에 필요한 회의에 참석할 때를 제외하면 대부분의 시간을 어두운 필사실에서 보냈다. 필사 작업은 추운 겨울에는 손이 동상에 걸릴 정도로 고생스러웠지만, 그리스도교 제국이 완성되는 이상을 꿈꾸면서 펜을 놓지 않았다. 현재 서양 문화가 자랑하는 양피지 필사본들 가운데 가장 오래된 사본 상당수가 그 당시 카를 대제의 명으로 작성된 것이다.

특히 앨퀸은 이 작업을 위해 코르비Corbie 수도원에서 개발된 새로운 문자체를 활용했고, 여기서 현재 사용되는 알파벳의 소문자가 유래했다.(『발전하는 글자에 관한 편지』*Epistula de litteris colendis*) 카를 대제 이전까지만 해도 대문자를 주로 사용했고, 각 지역에 따라 서로 다른 모습을 하고 있었다. 카를 대제는 새로 개발된 문자체의 활용을 적극 장려했다.

서로마 제국의 멸망 이후에 많은 고전 저작들이 사라져서 전수되지 못했다. 그러나 카를 대제가 명한 필사작업을 통해 서유럽에 남아 있던 필사본의 숫자는 네 배 이상 증가했고, 그 후에는 전수된 책이 사라지는 일

앨퀸 문자. 카를 대제 이전 시기에는 주로 대문자를 사용했으나 앨퀸의 노력 덕분에 새로운 문자체가 개발되었으며, 여기서 현재 사용되고 있는 알파벳의 소문자가 유래하였다.

이 거의 없었다. 그 당시 필사된 책들 중에서 가장 많은 분량을 차지했던 것은 역시 성경과 그 주해서들이었다. 그런데 카를 대제의 교육개혁에도 불구하고, 대다수 국민은 여전히 문맹으로 남아 있었다. 이들에게 성경의 중요성을 강조하기 위해 교회 지도자들은 성경 앞표지를 금과 보석 또는 상아 조각으로 아름답게 장식하는 데 많은 공을 들이게 되었다.

그렇지만 앨퀸이 주도한 카를 대제의 문예부흥에서는 성경의 외부 장식에만 관심을 둔 것이 아니다. 더 나아가 성경을 올바로 해석하고 이해하기 위한 교육 프로그램도 완성했다. 앨퀸은 과거에 각광받던 수사학뿐만 아니라 라틴어로 된 성경을 이해하기 위한 논리학과 문법학(변증론)의 중요성을 강조했다. 특히 이교도 문학을 잘 이해하기 위해 개발된 라틴어 문법학을 성경을 해석하는 데 적용함으로써 이후 그리스도교의 문화 발전에 중요한 초석을 마련했다. 더욱이 이렇게 발전한 문법학을 활용해 히에로니무스의 『불가타 성경』을 언어학적으로 고친 교정본은 9세기 이후 널리 활용되었다.

카를 대제와 앨퀸이 함께 이룬 '카롤링거 르네상스'를 통해 스콜라 철학이 태동되었다. 그러나 이 문예부흥은 귀족과 수도사라는 소규모 사회 집단의 지위를 과시하는 수단에 머물렀다는 한계가 있었다. 그 교육개혁의 효과가 유럽 사회 전반에 미치기 위해서는 100년 이상의 세월이 더 필요했다. 빠른 시간 안에 변화되는 부분도 있지만, 교육의 진정한 성과는 오랜 기다림과 인내를 통해서만 확인할 수 있을 것이다.

카를 대제는 자신의 대제국이 진정으로 발전하기 위해서는 교육이 발전해야 함을 절감했다. 그는 조급해 하지 않고 100년 뒤에야 꽃피게 될 학문적 기초를 마련하여 교육이 '백년지대계'임을 분명히 보여주었다. 또한 앨퀸은 사심 없이 자신을 희생하여 교육을 쇄신함으로써 우리나라의 교육 정책 입안자와 교수들에게 표본이 되었다. 교육자들은 앨퀸과 같이 뚜렷한 사명의식을 지니고 스스로 실천하는 삶을 살아야 한다. 한편 교육당국과 학부모는 카를 대제와 같이 인내심을 가지고 교육의 열매가 숙성되기를 기다려주어야 한다. 이와 같이 우리 모두가 힘을 합쳐 노력할 때에야 비로소 미래 세대에 희망을 주는 교육이 실현될 것이다.

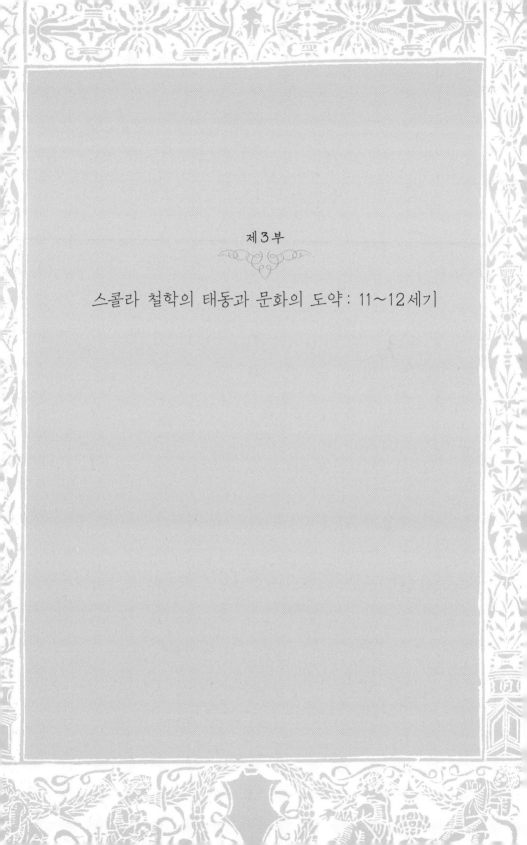

제 3 부

스콜라 철학의 태동과 문화의 도약 : 11~12세기

'신앙과 이성' 사이에서 논쟁하고 갈등한 사람들

안셀무스

"누군가 망상에 시달리면 정신이상이라고 한다. 다수가 망상에 시달리면 종교라고 한다."(리처드 도킨스, 『만들어진 신』) 이와 비슷한 논조의 책들이 베스트셀러로 엄청난 반향을 얻고 있다. 이처럼 우리는 가히 '무신론의 시대'라고 불릴 만큼 종교에 대한 거부감이 큰 시대에 산다. 더욱이 종교에 대한 언론 보도의 상당 부분은 돈과 권력을 추구하는 종교를 비판하는 내용이 차지한다. 이런 분위기에 따라 성경은 무신론자들이나 종교를 혐오하는 이들에게 아무런 권위를 지니지 못한다. 종교를 거부하는 현대인들은 성경 대신 인간 이성, 특히 자연과학의 성과나 가능성을 신뢰한다. 그렇다면 이성을 판단 기준으로 삼아 성경 내용을 신화로 치부하는 것이 지성인다운 태도일까? 반대로 신앙인들은 순수한 신앙을 지키기 위해 세속적인 학문을 거부해야만 할까?

이러한 고민은 초대교회 시절부터 현대에 이르기까지 반복해서 나타났다. 중세의 스콜라 철학 초기에도 신앙과 이성을 둘러싼 첨예한 논쟁이 벌어졌다. 중세인들은 이에 대해 어떠한 태도를 취했을까?

중세 스콜라에서 벌어진 '성찬례 논쟁'

'스콜라'Schola라고 불리는 중세학교는 '7자유학예'를 주로 가르쳤다. 그 가운데서도 문법학, 논리학, 수사학의 '3학과'trivium는 모든 학문의 기초를 이루었다. 중세 시대에는 문법학과 논리학을 합쳐 종종 '변증론'dialectica이라고 불렀는데, 카를 대제 이후 그 중요성이 더욱 커졌다. '변증론자'는 변증론이야말로 진리의 유일한 기준이라고 생각했으며, 신학도 변증론의 규칙을 따라야 한다고 주장했다. 따라서 기적같이 신비적인 것에 기대지 않고 변증론의 지식만으로 모든 것을 이성적으로 증명해보려고 시도했다. 그러나 이 세력이 커질수록 반대하는 쪽의 반응도 격해졌다. '반反변증론자'는 "변증론이란 신학의 고유한 보물을 훔쳐가기 위해 '악마가 만들어낸 발명품'이거나 기껏해야 '신학의 시녀'ancilla theologiae에 불과하다"라고 폄하했다.

당시 논쟁의 열띤 분위기를 느낄 수 있는 일화가 있다. 샤르트르Chartres 주교좌 성당학교에 베렌가리우스Berengarius, 999?~1088와 란프랑쿠스Lanfrancus, 1005?~89라는 우수한 학생들이 있었다. 이들의 변증론 관련 지식은 매우 뛰어나 수업시간에 수준 높은 질문으로 선생님들을 당황시킬 정도였다. 그런데 언제부터인지 그렇게 열심히 공부하던 란프랑쿠스가 문법학 수업에 나오지 않았고, 토론 대회에도 참여하지 않았다. 베렌가리우스는 란프랑쿠스에게 무슨 일이 생겼는지 궁금해져 그의 뒤를 밟았다. 그는 예상과는 달리 학교 경당의 성체 앞에서 몇 시간 동안 열심히 기도를 드리는 란프랑쿠스를 발견했다. 얼마 후에 란프랑쿠스는 친구에게 "나는 변증론을 포기하고 베네딕투스 수도회에 들어가서 명상을 하면서 평생을 살아가겠다"라고 선포했다. 베렌가리우스는 크게 실망했지만 친구를 감싸 안고 그의 결정을 축복해주었다. 두 친구는 각자의 길을 갔다.

한편, 베렌가리우스는 변증론 공부를 계속하여 최고의 명성을 얻었고, 이를 신학에 적용하고 싶어 했다. 그는 문법학과 논리학을 가지고 성경의 내용을 완벽하게 해석하려고 시도했다. 그러나 베렌가리우스는 73권이나 되는 성경을 모두 해석하기에는 역부족임을 깨달았고, 자신의 능력을 과시할 새로운 길을 찾았다. 성경의 수많은 구절을 일일이 해석할 것이 아니라 가톨릭 미사 중에 가장 핵심적인 문장을 멋지게 분석하려는 계획을 세운 것이다. 즉 "이것은 나의 몸이다"Hoc est enim corpus meum라는 성찬기도문에 변증론을 적용하는 식이었다. 이 문장 안에 사용된 지시대명사나 인칭대명사를 어떻게 규정하는지에 따라 다양한 해석이 가능했다. 따라서 이 문장에서는 '이것'Hoc과 '나의'meum라는 단어를 분명히 해야 한다. 우선 '이것'이 사제가 들고 있는 빵을 가리킨다면, 이 문장은 '이 빵은 예수님의 몸이다'라는 식으로 해석되어 예수님이 마치 빵으로 되어 있다고 주장하는 것처럼 보인다. '이것'이 이미 예수님의 몸을 가리킨다면, '예수님의 몸은 예수님의 몸이다'라는 동어반복tautology을 초래하여 아무런 의미 없는 문장이 된다. 사제가 성찬 기도를 바치는 동안에 변화가 일어나서 빵이었던 '이것'이 '나의 몸'에서 예수님의 몸으로 변한다고 주장해도 베렌가리우스는 이런 대답에 만족하지 않았다. "그 변화가 어떻게 가능한가? 가능하다고 하더라도, 그렇다면 도대체 언제 변

켄터베리의 대주교 란프랑쿠스. 그는 이성에 의해 신앙이 보다 풍요롭게 되는 것을 인정했지만, 지나친 이성의 활용은 경계했다.

란프랑쿠스의 제자 안셀무스. 그는 『모놀로기온』과 『프로슬로기온』을 저술, '스콜
라 철학의 아버지'로 불렸다.

화가 일어나고 있을까?" 미사에 참여하는 것으로 만족했던 이들은 베렌가리우스가 쏟아내는 질문들이 듣기 불편했다. 그렇지만 누구도 뛰어난 변증론자인 베렌가리우스를 논박하지는 못했다.

그때 수도사가 된 란프랑쿠스가 자신의 옛친구를 비판하며 논쟁에 가담했다. 베렌가리우스가 변증론으로 신학을 농락하는 일을 두고만 볼 수 없었기 때문이다. 란프랑쿠스는 성찬례에서 일어나는 변화를 변증론에서 사용하는 용어를 이용해 새롭게 설명했다. 드디어 베렌가리우스와 란프랑쿠스 사이에 논쟁이 벌어졌고, 둘 다 뛰어났던 만큼 쉽사리 승부가 나지 않았다. 둘 사이의 토론이 무르익어 갈 무렵 갑자기 주교들과 수도원장들이 개입해 아직 제대로 결론이 나지도 않았는데, 란프랑쿠스의 일방적인 승리를 선언해버렸다. 더욱이 베렌가리우스에게는 파문당할 수도 있다고 위협하며 주장을 철회하라고 강요했다.

교회 지도자들이 개입하여 변증론자의 패배를 선언했지만, 이성적인 열망이 강했던 사람들은 이런 성급한 결정에 쉽게 동의할 수 없었다. 변증론자들도 성경 안에 인간을 구원하는 지혜가 담겨 있다는 사실은 부정하지 않았다. 그러나 그들은 권위로 억누르려는 교회에 대해 강한 거부감을 표시했다. 이렇게 분열된 중세 사회에 새로운 대화의 가능성을 열어준 이가 바로 캔터베리의 안셀무스Anselm of Canterbury, 1033/34~1109이다.

'이해를 추구하는 신앙'을 강조한 안셀무스

안셀무스는 이탈리아 북부 아오스타의 부유한 귀족 부모 밑에서 태어났다. 그는 어머니가 사망한 후 유명한 학교에서 철저한 변증론 교육을 받았다. 그리고 1059년 노르망디 지방의 베크Bec에 있는 베네딕투스 수도회에 들어가 공부했다. 당시 베크 수도원장은 성찬례 논쟁으로 명성을 얻은 란프랑쿠스였다. 1060년 아버지가 세상을 떠난 직후 안셀무스는 여기서 수사가 되어 밤낮으로 학문 연구에 몰두했다. 그는 수도원의 엄격한 훈련과 더불어 수도원 도서관에서 아우구스티누스와 보에티우스를 포함한 다양한 학자들의 책을 섭렵했다. 1067년에는 수도원 학교의 교장이 되어 제자인 동료 수사들을 위해 많은 작품을 썼고, 교육에 힘써서 베크 수도원 학교를 유럽 최고의 학교로 발전시켰다.

안셀무스가 최초로 쓴 단행본인 『모놀로기온』Monologion, 獨語錄 서문에 따르면, 제자들은 그에게 성경의 권위에 조금도 의존하지 않고 이성으로 모든 것을 증명하는 '신에 관한 모범적 명상록'을 써달라고 요청했다고 한다. 이러한 요청에서 베크 수도원 학교의 달라진 분위기가 잘 나타난다. 과거 그리스도교에서는 성경을 신앙과 신학을 위한 첫째 원천으로 받아들였다. 서구 신학의 최고봉이었던 아우구스티누스에게서도 이성적인 논증은 성경에 근거를 둔 논증에 종속되어 있었다. 그러나 성찬례 논쟁이 교회의 권위에 의해 성급하게 중단된 이후 수도원 학교의 젊은 학생들은 성경의 권위에만 의존한 논증을 기피하고 있었다.

안셀무스는 처음에는 자신의 능력을 벗어나는 것이라고 제자들의 요청을 거절했지만 결국 받아들였다. 그는 『모놀로기온』에서 일체의 전제, 즉 성경 및 전통, 교부들의 학설을 배제하고 합리적인 방식만으로 그리스도교 진리를 증명하려고 노력했다. 이 책의 외형만 보면 안셀무스는 란프랑쿠스의 제자가 아니라 반변증론자인 베렌가리우스의 제자로 오해받을 수도 있다. 이렇게 성경 논증과 이성 논증을 극단적으로 분리하고 단지 이성 논증에만 근거해 자신의 신학을 전개하려 시도한 것은 안셀무스가 처음이었다. 이것은 매우 과감한 시도였고 큰 반향을 불러일으켰다. 안셀무스가 여러 수도원을 방문했을 때 자신의 책이 필사되어 회람되고 있는 모습을 보고 놀랄 정도였다.

그러나 반변증론자들은『모놀로기온』의 저술 방식을 보고 경악을 금치 못했다. 일생 동안 사제지간의 정을 유지하던 캔터베리의 대주교 란프랑쿠스도 크게 실망했다. 제목을 지어달라는 요청과 함께 이 책을 받았을 때 란프랑쿠스는 옛 제자 안셀무스에게 동일한 내용을 풍부한 성경 인용을 바탕으로 다시 쓰도록 강력히 요구했다. 그러나 안셀무스는 이와 비슷한 요구에 다음과 같이 답변했다.

"나를 새로운 것에 대해 자신만만해하거나 거짓을 주장하는 사람이라고 여겨 곧바로 마구 비난하지 말고, 먼저 이미 설명한 스승 아우구스티누스의 책『삼위일체론』*De Trinitate*을 주의 깊게 통찰한 다음 그것에 따라 나의 작품을 판단해달라는 것이다."(『모놀로기온』, 서문)

그렇다면 안셀무스는 왜 계시의 원천인 성경을 배제하려고 했을까? 그는 결코 변증론자들처럼 성경을 무시할 생각이 없었다. 오히려 그는 성경이 우리에게 가르치고 있는 것이 이성에 부합한다는 사실을 증명하고 싶어서 이런 방식을 취했던 것이다. 이러한 증명은 다시 성경을 통해 이루어질 수 있는 것이 아니라 다른 수단, 즉 이성을 필요로 했다.

안셀무스는『모놀로기온』에서 대략 20개 정도의 성경 구절을 인용했다. 그렇지만 이 인용들을 결정적인 증명 도구로 도입한 것은 아니었다. 오직 사변적인 길을 통해 얻은 결과들이 성경의 어구들과 일치됨을 보임으로써 자연스럽게 성경을 변호하려 했던 것이다.

안셀무스는 성경의 권위에 의존하는 쉬운 길을 택하지 않고, 자신이 믿는 것을 하나하나 오직 이성적 숙고로써 얻어내려고 노력했다. 이를 위해 그는 어떤 것도, 심지어 신의 존재마저도 믿지 않는 사람의 입장에서 출발했다. 안셀무스는 자신의 두 번째 저서인『프로슬로기온』*Proslogion*에서 이른바 '존재론적 증명'을 통해 성경의 권위나 경험적 사실에 의존하지 않고 순수하게 논리적 추론으로만 신의 존재를 증명하려 시도했다. 이러한 그의 태도는 성경의 진리를 계시해주신 신과 인간에게 이성을 선물해주신 신이 동일한 분이라는 확신에서 나왔다.

안셀무스가 세운 스콜라 철학의 목표: '신앙과 이성의 조화'

아우구스티누스와 마찬가지로 안셀무스는 진리를 탐구하기 위해 신앙과 이성을 모두 사용했다. 안셀무스에 따르면, "나는 이해하기 위하여 믿는다"*Credo, ut intelligam*라는 말처럼 신앙이 우선이다. 그렇지만 '이해를 추구하는 신앙'*fides quaerens intellectum*이란 표현처럼 신앙에는 반드시 이성이 뒤따르면서 그 근거를 제시해주어야 한다. 그는 믿음의 내용을 이성으로만 설명하려는 변증론자와 신앙에 대한 이성의 개입을 완전히 거부하는 반변증론자 모두를 비판했다. 그에게 "믿음을 전제하지 않는 것은 오만이며, 이성을 사용하지 않는 것은 태만"이었기 때문이다. 그가 목표로 제시한 '신앙과 이성의 조화'는 스콜라 철학과 신학을 이끄는 좌우명이 되었다. 그래서 안셀무스는 후대 학자들에 의해 '스콜라 철학의 아버지'로 불렸다. 그는 아우구스티누스에서 정점에 이른 교부철학과 13세기에 체계적으로 완성되는 스콜라 철학을 매개하는 중요한 위치에 서 있다.

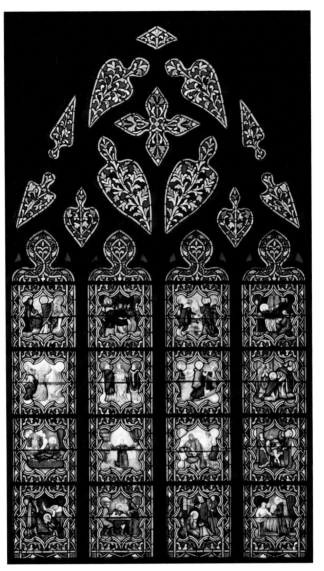

안셀무스의 생애를 묘사한 스테인드글래스. 스콜라 철학과 신학의 좌표가 된 '신 앙과 이성의 조화'를 강조한 그는 "믿음을 전제하지 않는 것은 오만이며, 이성을 사용하지 않는 것은 태만"이라고 말했다.

프랑스 브리타뉴(Bretagne) 소재 캥페르(Quimper) 성당

신앙을 지니지 않은 이들은 물론 안셀무스의 입장에 온전히 동의하지 않을 수도 있다. 또한 그의 시도가 과연 성공적이었는지에 대해서도 많은 의문이 제기된다. 그러나 안셀무스는 자신이 지닌 입장에 매몰되지 않고 이를 진지하게 숙고했다. 이런 그의 태도는 이성과 신앙 사이에서 갈등하는 현대인에게 성찰의 계기를 마련해줄 것이다.

ch 12

국가와 개인 가운데 어느 쪽이 우선하는가
아벨라르두스

"국가는 개인의 권리를 어디까지 제한할 수 있는가?" 사드 배치 문제처럼 국가의 정책이 개인의 자유를 침해하는 사태가 벌어질 때마다 이같은 질문이 제기된다. 우리나라 국민의 상당수는 국가 권력의 남용으로 인한 쓰라린 체험 때문에라도 개인의 권리가 먼저 보호되어야 한다고 생각할 법하다. 하지만 IMF 사태 때는 대다수의 국민이 아무 잘못도 없이 국가 정책의 실패를 통해 쓰라린 고통을 맛보아야 했다. 따라서 국가의 역할을 무시할 수도 없는 딜레마에 빠진다. 이렇게 개인과 국가의 관계는 공간과 시간을 넘어 끊임없는 논란의 대상이 되었다. 서두의 질문을 철학적으로 보면 "보편과 개체 가운데 우선하는 것은 무엇인가"라는 보편논쟁과 밀접하게 연결되어 있다. 보편을 강조하면 개인보다 국가의 역할을 앞세우기 쉽고, 개체를 강조하면 국가 권력의 간섭을 배제하고 개인을 중시하는 경향으로 나아간다.

보편논쟁의 기원과 발생

보편과 개체의 우선성에 대한 문제는 플라톤과 아리스토텔레스 사이의 상반된 견해 안에 이미 함축되어 있었다. 그런데 이 문제는 3세기경 포르피리오스Porphyrios, 234?~305?가 『범주론 입문』Isagoge에서 "유類와 종種은 실재하는가? 또 그것들이 자체로 존재한다면 물질적인 것인가, 아니면 비물질적인 것인가? 만일 비물질적인 것이라면, 그런 것들은 감각적인 사물에서 분리되어 존재하는가, 아니면 감각적인 사물 안에 존재하는가?"와 같은 일련의 문제를 제기하면서 철학적 중요성이 드러났다. 이에 대해 로마 최후의 철인哲人 보에티우스가 주목할 만한 답변을 제시하기는 했지만, 이후 철학이 쇠퇴하면서 해결되지 못한 채 중세에 전해졌다.

이 문제에 대한 논쟁이 본격적으로 벌어진 것은 '12세기 르네상스' 가 시작될 무렵이었다. 이른바 '보편논쟁'을 직접적으로 촉발한 것은 그리스도교의 변화된 상황이었다. 본래 그리스도교 안에서는 역사적으로 5개의 주요 교회들이 핵심적인 역할을 해왔다. 그러나 7세기 이후 예루살렘, 알렉산드리아, 안티오키아의 교회들은 이슬람 세력에 점령당함으로써, 그리고 1054년에는 동방 교회가 결정적으로 서방 교회로부터 분리됨으로써 콘스탄티노플 교회는 서구 사회에 대한 영향력을 상실하고 말았다. 이제 로마 교회가 서구 사회 안에서 유일한 권력을 누리면서 보편 교회로서의 위상을 강화하고 있었다. 이 시대적 맥락에서 "로마로 상징되는 보편 교회와 구체적인 개별 교회 중에서 어떤 것이 진정한 교회인가"라는 질문이 제기되었다. 이러한 교회론적인 문제 이외에도 삼위일체 교리에 대한 올바른 이해, 아담과 하와의 죄가 인류에게 전이되는 과정, 예수라는 개인을 통해 온 인류가 구원되는 문제 등을 포함한 다양한 주제가 보편논쟁을 더욱 중요한 쟁점으로 만들었다.

초기에는 캔터베리의 안셀무스 등 대부분의 학자가 보편이 개체에 앞서 독립적으로 실재한다는 플라톤적 '보편실재론'을 옹호했다. 이에 따르면, '동물' 같은 유類 개념이나 '인간' 같은 종種 개념은 정신 바깥에 자립하는 하나의 실재에 해당한다. 그러므로 인간성 또는 인간본성은 모든 인간이 분유하고 있는 단 하나의 실체로서 정신 밖에 실재한다. 그러나 이에 맞서 논리학자 로스켈리누스Roscellinus, 1050?~1120? 등은 오히려 개체만이 실재한다고 주장했다. 이들에게 보편이란 단지 '음성의 떨림' 또는 인간 이성이 만들어낸 명칭에 지나지 않았다. 이들의 견해는 '유명론'唯名論이라고 불렸다. 두 진영 사이에 오랫동안 지속된 논쟁을 해결한 이가 아벨라르두스Abaelardus, 1079~1142였다.

논쟁을 통해 명성을 얻은 아벨라르두스

아벨라르두스는 1079년 브르타뉴 지방 팔레Le Pallet에서 기사의 아들로 태어났다. 그는 15세 무렵에 유명론자였던 로스켈리누스 아래서 논리학 공부를 시작한 후 유명한 논리학 교사를 찾아 순회하며 탐구에 몰두했다. 자신감에 찬 그는 지방에서 개인학교를 열어 상당한 성공을 거두었다. 마침내 아벨라르두스는 파리에도 진출하여 개인학교를 열었지만 주목을 받지 못하자, 노트르담 주교좌 성당학교의 샹포의 기욤Guillaume de Champeuaux, ?~1122 밑에 학생 신분으로 등록했다. 아벨라르두스는 기욤이 제시한 보편실재론의 장·단점을 모두 파악한 후에 공적인 논쟁을 벌여 스승에게 승리했다. 결국 기욤이 자신의 입장을 변경함으로써 그는 젊은

당대에 이미 '최고의 논리학자'라는 명성을 얻었던 아벨라르두스. 자신의 스승이었던 샹포의 기욤은 물론, 다른 유명한 교사들도 모멸감을 느낄 정도로 논쟁을 벌여 당대 최고의 논리학자라는 평을 받았지만 그에 못지않게 적들도 많았다.
프랑수아 플라멩(François Flameng, 1856~1923)의 「강의하는 아벨라르두스」

나이에 큰 명성과 많은 추종자를 얻었다. 그렇지만 아벨라르두스는 계속해서 다른 유명한 교사들도 모멸감을 느낄 정도로 공개적으로 공격해 적도 많이 만들었다. 아벨라르두스는 아리스토텔레스의 책들을 주해하는 데 그치지 않고 다양한 단계의 논리학 저술들을 통해 독창적인 사상을 발전시켜 나갔다. 다른 교사들이 아벨라르두스가 제시했던 이론을 공격하면, 아벨라르두스는 새롭게 발전된 이론으로 응수했다. 결국 아벨라르두스는 모든 논쟁에서 승리했으며, 젊은 나이에 '최고의 논리학자'라는 명성과 많은 추종자를 얻었다.

　논리학 지식을 바탕으로 아벨라르두스는 보편논쟁의 상반된 입장에 대한 해결책으로 온건실재론을 제시했다. 아벨라르두스에 의하면, 보편적인 용어는 의미를 가진 말이고 일차적으로 개념을 표시한다. 이러한 보편 개념은 현실적인 사물의 본질을 뜻하는 것으로 그 본질은 수많은 개체 속에 있다. 이 본질을 우리 지성이 파악함으로써 보편 개념이 생긴다. 아벨라르두스는 보편 개념이 오직 정신 속에 존재하지만 개체들이 공통으로 가지고 있는 본성을 지시한다고 주장함으로써 보편실재론과 유명론을 아우르는 해결책을 내놓았다. 이는 대체로 아리스토텔레스의 형이상학적 입장과 유사했다. 당시는 아리스토텔레스의 『범주론』과 『명제론』만이 서방세계에 알려져 있었는데, 아벨라르두스는 오로지 논리적 사유를 바탕으로 이런 결론을 이끌어낸 것이다. 이로써 보편논쟁은 일단락되었다. 그가 제시한 '온건실재론'은 13세기 토마스 아퀴나스Thomas Aquinas에 의해 완성된 형태를 갖추었고, 14세기 윌리엄 오컴William of Ockham이 변형된 유명론을 내놓을 때까지 일반적으로 통용되었다.

논리학 분야를 평정한 아벨라르두스는 당시에 '모든 학문의 여왕'으로 인정받던 신학으로 관심을 돌렸다. 그는 라옹의 안셀무스Anselm of Laon, ?~1117에게서 신학을 배웠지만 스승의 교육 방식에 만족하지 못했다. 이 스승은 개인적인 감정에 호소하는 교부들의 전통을 크게 벗어나지 못했기 때문이다. 아벨라르두스는 논리학 지식을 신학에 응용함으로써 짧은 시간 안에 신학 분야에서도 가장 인기 높은 스승으로 부상했다. 그는 자신의 주저인 『그렇다와 아니다』Sic et Non에서 신학적인 쟁점에 대한 해답을 얻기 위해 성경과 교부들의 다양한 견해 가운데 서로 상반된 주장들을 대비했다. 그리고 이렇게 대비된 권위들 가운데 어떤 것이 더욱 타당한 근거를 지니는지 이성적으로 판단함으로써 진리를 찾아가는 방법을 제시했다.

엘로이즈와의 사랑을 통해 닥쳐온 불행

이런 뛰어난 업적에도 불구하고 아벨라르두스는 오랫동안 중세 철학 분야에서 크게 주목받지 못했다. 아마도 여기에는 연구자 대부분이 종교 인이었던 관행이 작용한 듯하다. 아벨라르두스는 종교인들이 싫어할 수 있는 성격을 지니고 있었다. 그와 동시대에 살면서 가톨릭 교회에서 가장 큰 영향력을 지니고 있던 지도자는 시토 수도회 소속 클레르보의 베르나르두스였다. 베르나르두스가 그리스도교의 신비를 이해하기 위한 '겸손'을 강조한 반면, 아벨라르두스는 자신이 습득하고 연구한 논리학에 대한 자신감에 가득 차 있었다. 그런데 오만함으로도 볼 수 있을 만한 그의 자신감이 그의 학문적 명성을 해칠 만한 스캔들을 일으키고 말았다. 그 스캔들은 그의 자서전『내 불행의 역사』*Historia Calamitatum*에 상세하게 기록되어 있다.

아벨라르두스는 신학 공부를 마친 후 다시 파리로 돌아와 파리 교외의 생주느비에브*Sainte-Geneviève* 학교와 노트르담 주교좌 성당학교에서 신학과 논리학을 가르쳤다. 금세 학생들이 몰려들어 그에게 부와 명성을 안겨주었다. 이때 그는 노트르담 대성당 참사회원 풀베르투스*Fulbertus*의 청에 따라 그의 조카딸 엘로이즈*Heloise*의 개인교사 역할도 맡았다. 그런데 그는 스무 살 어린 엘로이즈와 사랑에 빠져 그녀를 임신시키고 말았다. 결국 아벨라르두스는 엘로이즈를 자신의 고향 브르타뉴로 데려가 아들을 낳게 한 뒤 비밀리에 결혼했다. 그의 배신에 진노한 풀베르투스는 사람들을 고용하여 그를 거세해버렸다. 그때부터 아벨라르두스의 개인적인 명성은 철학이나 신학 작품보다 엘로이즈와의 연애 사건에 더 집중되었다.

ABAILARD

보편논쟁을 일단락 지은 아벨라르두스. '12세기 르네상스' 시기
에 들어서 한층 본격화된 보편논쟁에서 그는 보편 개념이 오직
정신 속에 존재하지만 개체들이 공통으로 가지고 있는 본성을
지시한다고 주장함으로써 보편실재론과 유명론을 아우르는
해결책을 내놓았는데, 이를 흔히 '온건실재론'이라고도 한다.

그 후 아벨라르두스는 부끄러움을 느끼고 생드니Saint-Denis에 있는 베네딕투스 수도원에 들어가 은둔생활을 하려 했지만, 그의 체류가 알려지면서 학생들이 몰려들어 다시 강의를 시작했다. 교사로서의 유명세 덕분에 다른 수도원의 원장까지 되었지만 공동생활에서 오는 여러 어려움을 견디지 못해 수도원을 떠나야 했다. 엘로이즈는 아벨라르두스와 헤어진 후 수녀원 원장이 되었는데, 아벨라르두스는 그녀를 위해 수도원의 생활방식에 관한 규칙을 마련해주는 한편, 종교적인 서신도 주고받았다.

새롭게 조명받는 아벨라르두스

다시 파리로 돌아온 아벨라르두스는 생주느비에브 학교에서 가르침에 정열을 불태우며 많은 글을 써서 명성을 얻었다. 결국 아벨라르두스는 12세기 최고의 교사로 많은 학생의 사랑을 받았다. 그러나 클레르보의 베르나르두스를 비롯한 많은 적대자들은 아벨라르두스가 논리학에서 배운 방법론을 가지고 삼위일체의 신비를 비롯한 모든 신앙의 감독관 노릇을 한다고 비판했다. 이제 베르나르두스가 직접 개입하여 아벨라르두스를 '더럽혀지지 않은 비둘기를 유혹하는 불순분자' '여성들과 부정한 관계에 탐닉하는 소명 없는 수사'라고 비난했다. 베르나르두스는 교황 인노켄티우스 2세Innocentius II, ?~1143와 주교들에게 아벨라르두스와 그의 가르침에 반대하는 편지를 썼다. 결국 1141년 아벨라르두스는 상스Sens 공의회에서 단죄되는 불운을 겪었다. 이에 항의하기 위해 로마로 가던 길에 클뤼니Cluny 수도원의 원장 페트루스Petrus Venerabilis, 1092?~1156가 그를 받아들였다. 페트루스는 그에게 투쟁을 포기하라고 설득했고 베르

아벨라르두스와 엘로이즈의 무덤. 중세 최대의 스캔들이자 역사상 가장 유명한 러브스토리의 두 주역이었던 아벨라르두스와 엘로이즈의 사랑과 그에 따른 불행은 아벨라르두스의 자서전 『내 불행의 역사』에 자세히 기록되어 있다. 현재 그들의 무덤은 프랑스 파리 교외의 페르라셰즈 공동묘지에 있다.

나르두스와 화해하도록 중재했으며, 그가 여생을 클뤼니 수도원의 보호 아래 보내도록 교황의 허가를 얻어냈다. 파란만장한 생애를 산 아벨라르두스는 클뤼니 수도원의 한 분원에서 1142년경 세상을 떠났다.

아벨라르두스는 변증론을 신학에 적용했다는 이유로 세상을 떠난 지 오랜 세월이 흘렀음에도 생빅토르의 월터Walter of St.Victor, ?~1180?가 쓴 『프랑스의 네 괴물을 거슬러서』Contra quatuor labyrinthos Franciae 에서 프랑스의 대표 악인들 가운데 한 명으로 거명되기도 했다. 그럼에도 비판자들은 아벨라르두스의 방법론이 퍼져나가는 것을 막을 수는 없었다. 오히려 그가 『그렇다와 아니다』에서 사용했던 방법은 중세 대학 설립 이후에도 정규 토론과 자유 토론 등에서 지속적으로 사용되었다. 이 방법은 스콜라 철학의 '고유한 방법'으로 자리 잡았다. 토마스 아퀴나스가 『신학대전』 집필에 사용한 학문 탐구 방법도 이것이다. 결국 신학의 진보를 가능하게 했고 13세기의 스콜라학을 쉽게 체계화한 것은 바로 변증론을 신학에 적용했기 때문이다.

아벨라르두스는 오랫동안 평가절하되었지만, 20세기 들어와서 중세학자들에게 '12세기의 가장 위대한 철학자'로 재평가받으면서 집중적으로 연구되고 있다. 또 그가 남겨놓은 개인적인 편지나 자서전은 '12세기 르네상스' 문화가 얼마나 역동적이었는지를 보여주는 좋은 예로 평가받는다. 이런 자료를 통해 얻을 수 있는 정보는 19세기 역사학자들이 중세의 지성적 자유에 대해 만들어낸 잘못된 전형을 파괴하는 데 매우 크게 기여했다.

각자가 처한 상황에 따라 국가와 개인의 우선성은 달라지고, 이에 따라 아벨라르두스가 제시한 온건실재론에 대한 평가도 다를 수 있다. 그렇지만 아벨라르두스는 화합이 불가능해 보이는 의견 차이를 치열한 지성적 토론으로 극복하려 노력했다. 그의 진지한 학문적 자세와 열린 마음은 우리 사회에서 벌어지는 다양한 충돌을 극복하는 데 중요한 시사점을 제공하리라 기대해본다.

ch 13

빛의 마법에 담긴 이상과 현실의 조화

고딕 건축

"어, 이 분위기는 뭐지?" 공간의 무게가 느껴지는 웅장한 성당 안을 신비한 무지갯빛이 가득 메우고 있었다. 자세히 보니 어두운 색깔의 육중한 돌기둥을 스테인드글라스에서 들어온 다채로운 빛이 어루만지고 있는 것이 아닌가. 내게는 아직도 독일에 유학 가서 프라이부르크 대성당에 처음 들어섰을 때 느낀 빛의 신비로움이 생생히 남아 있다. 이후 유럽에서 머문 10년 동안 가는 곳마다 뾰족한 첨탑과 거대한 석상으로 장식된 고딕 성당을 만날 수 있었다. 그 빛의 향연을 다시 즐기고 싶어 구름 긴 날은 피하고 햇빛이 찬란할 때를 기다려 성당 안을 둘러보곤 했다. 도대체 이런 고딕 성당은 누가 왜 세웠으며, 어떤 의미와 상징을 가지고 있을까?

쉬제르 수도원장이 발견한 빛의 매력

1130년경 파리 북부의 생드니 수도원 성당은 당시 유행하던 로마네스크Romanesque 양식에 따라 건축 중이었다. 로마네스크 양식의 두터운 벽과 탑은 견고한 성채를 연상시켰다. 생드니 수도원 성당은 본체가 완성되고 제대 뒤의 반원형 부분apse을 짓고 있었는데, 쉬제르Suger, 1081?~1151 수도원장에게 새로운 영감이 떠올랐다. "이제 도시가 번성하고 온 세상이 신을 믿게 되었는데, 왜 세속과의 전투만 생각해야 할까? 우리가 받은 신의 축복을 함께 나누면 어떨까?" 쉬제르는 두꺼운 교회 벽들을 헐어내고 그 자리에 커다란 창문을 집어넣기로 했다. 그는 물질과 비물질의 성격을 모두 지닌 '빛'이 특별히 중요하다고 생각했다. 그래서 유리창으로 들어오는 빛을 통해 그리스도의 계시를 보여주고 싶었다. 1144년 완공식에 참석한 사람들은 이 빛의 '새로운 발견'에 모두 놀랐다. 로마네스크 양식과 전혀 다른 시대정신이 실현되었기 때문이다.

성채와 같은 로마네스크 성당

로마네스크 양식은 10세기 후반에서 12세기 유럽 전역에 걸쳐 유행했다. 이 건축 양식 자체가 엄청난 혁신을 포함하고 있었고, 그 유행은 유럽 문화가 침체기를 거쳐 새롭게 도약하는 시기와 맞물려 있었다. 그 이전의 바실리카 양식이 주로 목재木材를 사용했기 때문에 잦은 전쟁에 의해 소실되기 쉬웠던 것과는 달리, 로마네스크 양식의 건축물은 내구성이 좋은 석재石材로 만들어졌다. 그렇기 때문에 아주 크고 육중한 두꺼운 벽,

로마네스크 양식의 대표적 건축물인 폴란드 툼(Tum)의 콜레기아테(Collegiate) 성당. 로마네스크 양식은 10세기 후반에서 12세기 유럽 전역에 유행했던 건축 양식으로, 교회 건축물을 통해 신의 영광을 표현하려는 교회상 ─ '전투하는 교회' ─ 이 반영되었다.

둥근 아치, 튼튼한 기둥, 교차 궁륭cross vault, 큰 탑과 장식적인 아케이드, 정방형 구조체계Bay System가 바로 로마네스크 건축물의 특징이었다. 로마네스크 양식이 시작되면서부터 교회 건축물을 통해 신의 영광을 표현하려는 교회상이 반영되었다. 바로 '전투하는 교회'Ecclesia militans라고 불리는 것인데, 지상에서의 교회 과업이란 최후의 심판일까지 암흑의 세력과 싸우는 것이었다. 세속의 악과 싸우고 복음의 말씀을 잘 지키기 위해 성채와 같은 모습으로 교회가 건설되기 시작했다. 이 양식이 유행하던 시기에 수도회 개혁운동이 일어나 급속히 발전했다. 특히 요즘에도 인기 있는 도보 순례의 목적지 산티아고 데 콤포스텔라Santiago de Compostela로 가는 길에 있는 수도원 성당에서 로마네스크 건축 양식을 만날 수 있다.

스테인드글라스가 표현한 신비

 '로마네스크'는 로마를 닮았다는 칭찬의 의미로 쓰였지만, '고딕'Gothic 이라는 단어는 르네상스 비판가들이 기괴하고 낯설다는 이유로 폄하하기 위해 사용했다. 그들은 고딕 양식이 고전적인 그리스나 로마의 표준과 일치하지 않음을 비웃었다. 그러나 고딕 양식은 정신적인 측면과 기술적인 측면에서 대단한 혁신을 이루었다.

 쉬제르 수도원장이 설계한 생드니 성당의 스테인드글라스, 특히 장미창은 이 혁신을 잘 보여준다. 쉬제르는 "어리석은 마음은 물질을 통해 진실에 이르고, 깊은 마음은 진리의 빛을 보고 다시 살아난다"라고 말했다. 이처럼 고딕 성당의 빛은 물질이면서 고귀한 빛이고, 그 고귀한 빛은 정신을 빛나게 했다. 로마네스크 양식이 프레스코화를 그려 벽을 장식했다면, 고딕 양식은 두꺼운 벽을 다 들어내고 신성한 주제들을 스테인드글라스 가득히 표현했다. 빛과 색이 절묘하게 조화를 이룬 스테인드글라스는 성당 안으로 신을 모셔와 인간과 합일됨을 표현하고자 했다. 그래서 종종 장미창의 중심에는 그리스도가 자리를 잡고 있는데, 이를 둥그렇게 감싸고 있는 장미 모양은 인간을 대표하는 성모 마리아를 형상화하고 있다.

 고딕 양식이 추구하던 빛의 예술이 가장 인상적으로 표현된 곳은 1248년 완성된 파리 생샤펠Sainte-Chapelle 경당이다. 이 경당은 콘스탄티노플에서 선물 받은 그리스도의 가시관과 십자가 조각을 모시기 위해 세워졌다. 왕가 일족을 위한 경당의 2층으로 올라가면, 15개의 벽면을 가득 채운 스테인드글라스를 통해 다채로운 빛이 쏟아져 내린다. 방문객들은 자신이 신비한 빛으로 가득 찬 보석상자 안에 들어온 듯한 느낌을 받

대표적 고딕 양식 건축물인 프랑스 파리의 생샤펠 경당. 빛과 색의 절묘한 조화를 미학적으로 표현한 스테인드글라스는 고딕 양식의 아름다움을 보여주는 대표적인 사례이다. 스테인드글라스에는 성경의 1,134가지 장면이 생생하게 묘사되어 있다.

쉬제르 수도원장이 설계한 생드니 성당 내부. 성당의 중앙 현관 청동문 위에는 "어리석은 마음은 물질을 통해 진실에 이르고, 깊은 마음은 진리의 빛을 보고 다시 태어난다"라는 쉬제르 원장의 글이 남아 있다.

는다. 그리고 찬찬히 둘러보면, 스테인드글라스에 성경책의 1,134가지 장면이 생생하게 묘사되어 있다. 이 경당 안에서 인간과 신, 물질과 비물질은 절묘하게 합일되는 경지에 이른다.

고딕 성당에서 이루어진 기술적 혁신

생드니 성당에서 시작된 고딕 양식은 많은 이들을 매료시켰다. 곧 파리와 파리 인근Ile-de-France부터 시작해서 영국, 독일, 베네룩스 3국, 중유럽으로 퍼져나갔다. 처음 사용된 지 50년이 채 안 되어 로마네스크 전통에 자부심을 가지고 있던 스페인과 이탈리아까지 사로잡음으로써 로마네스크 양식을 완전히 밀어냈다. 12세기 후반부터 약 100년 동안 무려 80개나 되는 고딕 대성당이 지어졌다. 이후 고딕 양식은 15세기까지 유럽 전체에서 가장 선호하는 건축 양식으로 자리를 잡았다.

이러한 팽창은 새롭게 번영을 이룬 도시들의 막대한 경제력을 통해 촉진되었다. 도시들은 경쟁적으로 더 높은 대성당을 건설하려고 했다. 1150년 기공된 누아용Noyon 성당은 천장 높이가 22.7미터였는데, 120년 동안 거의 두 배까지 치솟았다. 이처럼 경쟁 속에서 보베Beauvais 대성당(1271)은 지어진 지 12년 만에 천장이 무너지는 비운을 맞기도 했다. 그럼에도 고딕 성당은 이제 각 도시의 경제적인 자부심을 표현하는 동시에 종교와 문화를 모두 아우르는 중심이 되었다.

이 과정에서 가장 놀라운 것은 '데가주망degagement 구조'라고 불리는 건축 혁신이 정확한 역학 계산도 없이 건축가들의 체험에 의지해 이루어졌다는 점이다. 고도의 기술을 보유하고 있던 롬바르디아 장인들이 기술을 전수해주면서 각 건축가들은 다양한 혁신을 시도했다. 이러한 혁신 과정은 잘 알려진 파리 노트르담 성당이나 샤르트르 대성당을 넘어서 랭스Reims와 아미앵Amiens에 있는 대성당에서 기술적인 완성이 이루어졌다. 이 모든 개혁에는 인간적인 상승 욕망과 함께 신의 계시를 상징하는 빛을 더 많이 받아들이겠다는 열망이 작용했다. 그중에서 가장 눈에 띄는 특징만 살펴보도록 하자.

우선 고딕 대성당들에서 위로 높이 오르고자 하는 열망은 끝이 뾰족한 아치, 즉 첨두아치pointed arch로 표현되있다. 기둥 간격에 따라 높이가 제한되는 반원아치와 달리 첨두아치를 사용함으로써 높이를 자유롭게 조절할 수 있었다. 이에 덧붙여 천장의 무게를 가볍게 하기 위해 늑재궁

립rib vault이라 불리는 갈비뼈 모양의 부재部材를 사용해 지붕을 떠받치고 그 사이를 가벼운 소재로 채워넣었다. 이 자전거 바퀴살과 같은 작은 기둥들이 쭉 내려오면서 기존의 기둥과 연결돼 다발기둥을 이루어 역학적인 기능이 개선되었다. 또 고딕 양식에서는 빛을 더 많이 받아들이기 위해 로마네스크 양식에서 사용된 두터운 버팀벽을 공중부벽flying buttress으로 대체했다. 이 부벽은 공중에 띄워 올려 아주 자연스럽게 힘을 받쳐주는 구조를 가지고 있었다. 이 공중부벽과 다발기둥 등의 기술을 통해 훨씬 넓어진 창 안으로 엄청난 양의 빛이 쏟아져 들어올 수 있게 되었다.

지상에 내려온 천상 예루살렘

고딕 성당에는 「요한묵시록」(21:9~27)에 나오는 천상 예루살렘에 대한 묘사에서 차용된 상징이 많이 등장한다. 그 안으로 들어가면 빛의 놀라운 기적과 함께 우리가 나중에 받게 될 하늘에서의 영광을 체험하도록 설계되었다. 고딕 성당의 수많은 첨탑들은 높게 솟은 시온산을 표현한다. 또한 십자가 모양으로 된 성당 전체의 설계는 바로 그리스도의 몸을 상징한다. 고딕 성당에서는 예술적인 높은 경지의 작품을 통해 초월적인 것, 신에게 올라가겠다는 열망이 나타나 있다.

많은 고딕 성당이 노트르담Notre-Dame, 즉 '우리의 귀부인'이라는 이름을 가지고 있다. 이는 예수 그리스도를 낳고 기른 성모 마리아를 기념하는 의미로, 종종 천상 모후의 관을 쓰는 모습이 보인다. 여기서 마리아는 자주 오해받는 것처럼 여신으로 숭배되는 것이 아니라 우리 인간이 완성되어 도달할 수 있는 최고점을 상징하는 인물이다. 이런 상징을 통

프랑스 파리의 시테 섬에 있는 노트르담 성당. 이 성당은 지금도 로마 가톨릭교회의 교회 건물로서 파리 대주교좌 성당으로 사용되고 있으며, '노트르담'은 프랑스어로 '우리의 귀부인'이라는 뜻으로 '성모 마리아'를 지칭한다. 루이 7세 때인 1163년에 착공되었으며, 200여 년 가까운 공사기간을 거쳐 1345년경에 완성된 대표적인 프랑스의 고딕 양식 건축물이다.

해 건축물은 더 이상 '전투하는 교회'가 아니라 '개선凱旋하는 교회'Ecclesia triumphans를 선포한다. 이처럼 고딕 성당은 눈에 보이지 않는 하늘나라를 눈으로 직접 체험할 수 있는 기회를 제공했다.

고딕 성당 서쪽 면에 우뚝 솟은 탑들도 하늘을 가리키는 손가락인 셈이다. 그 탑들은 사람들의 마음을 신의 나라로 향하게 하고 영혼과 기도가 하늘로 올라가도록 가리키고 있는 것이다. 이렇게 고딕 성당은 눈에 보이지 않는 하늘나라를 육체의 눈으로 체험하게 해줬다.

온건실재론을 구현한 건축

로마네스크와 고딕 두 양식의 차이점에는 당시의 시대상과 문화적인 배경도 드러난다. 로마네스크 양식에는 수도원과 그 안에서의 폐쇄적인 경제, 아주 차가운 귀족 계급의 관심이 표현되어 있다면, 고딕 양식에는 도시가 발달하면서 희망을 가지게 되는 시기들의 자연스러움, 경제 활동을 통해 새롭게 펼쳐지는 인간의 미래에 대한 모습이 그려져 있다.

아벨라르두스가 해결한 보편논쟁을 통해 이 차이를 고찰할 수도 있다. 보편실재론이 주류를 이루던 때 유행했던 로마네스크 양식에서는 "어떻게 하면 이상적으로 그리스도교의 이념을 사람들한테 가르칠 수 있을까?"라는 질문이 핵심이었다. 따라서 이 성당에 사용된 조각에는 최후 심판 등의 무시무시한 장면이 비례를 무시한 채 기괴하게 강조된 형태로 묘사되어 있다.

이와는 달리 온건실재론이 보편논쟁을 해결한 이후 발달한 고딕 양식에서 스테인드글라스는 얼핏 외형적으로는 비슷해 보이지만 자세히 들여다보면 그 안의 문양이 각기 다르다. 더 이상 보편적인 이념뿐만 아니라 자연 세계 안에서 발견되는 개체들에 대한 관심도 높아졌다. 따라서 고딕 성당의 조각상은 전에 비해 훨씬 더 인체와 유사하고 생동감 넘치게 표현되어 있다. 또한 고딕 성당 안에는 굉장히 다양하게 자연에서 발견되는 동물과 식물이 묘사되어 있다. 12세기에 들어 이것들이 더 이상 우상으로 숭배하지 않는다는 사실이 분명해지자, '방주'에 담겨 함께 구원을 받게 된 것이다. 고딕 시대 조각가들은 신의 창조를 도와드린다는 생각에 자부심과 흥분으로 이것들을 새겨넣었을 것이다. 스테인드글라스 창틀과 조각에서 드러나는 것처럼 개체의 고유성이 어떻게 보편적인 것과 통일성을 이루며 조화할 수 있는가가 고딕 양식에서 진지하게 다루어졌다.

원대한 이상과 구체적인 현실을 조화시킨 고딕 양식

고딕 성당은 인간이 이룬 기술 혁신을 통해 빛으로 채워졌고 이를 이용하여 세상을 벗어난 하늘나라에 대한 열망을 가장 훌륭하게 구현해낸 건축물이다. 더 나아가 고딕 성당은 도시의 번영과 자부심으로서 전례공간일 뿐만 아니라 공적인 모임이나 공연이 열리는 곳이기도 했다. 이 안에서 신앙에 대한 열정을 중심으로 조각, 장식문양 등의 미술과 음악이 조화를 이뤄 종합예술로 탄생하기도 했다. 샤르트르 대성당의 성모자상과 함께 표현된 음악학, 문법학, 산술학 등의 개별 학문을 표현한 조각들은 이제 전성기로 접어드는 스콜라 철학의 중요성까지 표현해주고 있다. 이렇게 고딕 성당은 단순히 기능을 강조한 건물이 아니라 당시의 시대

정신과 그리스도교의 이념을 잘 드러낸 공간이었다.

　신앙의 열기가 식은 오늘날 유럽의 고딕 성당들은 신자들이 아니라 관람객들로 채워져 있다. 비록 지금의 텅 빈 성당에서는 느끼기 어렵지만, 중세인들은 신적 계시와 인간 능력의 조화를 추구했고 보편적인 이상과 개체의 고유함을 모두 중시했다. 중세인들의 노력은 예술로 승화되어 영원히 기억되고 있다. 이 인류의 소중한 문화유산 앞에서 반문하게 된다. 우리는 오늘날의 기술 혁신을 통해 어떤 시대정신을 구현하고 있으며, 이 둘 사이에는 과연 조화가 이루어지고 있는가?

제 4 부

낯선 문화와의 만남: 충돌과 수용

이슬람 문화, 서양 중세에 영향을 끼치다
이슬람 태동과 발전

"이슬람은 테러 집단인가?" 이슬람 국가란 뜻의 급진 수니파 무장단체 IS Islamic State 가 뉴스에 자주 등장하면서 본래 종교를 지칭하던 이슬람이란 용어를 특정 테러 집단과 혼동하는 이들이 많다. 특히 탈레반의 거대 불상 파괴, IS의 고대 유적 파괴가 보도되면서 이슬람이란 종교 자체가 인류의 문화유산마저 파괴하는 집단으로 오해받고 있다. 우리나라는 중동 건축 붐을 통해 상당한 이익을 얻었으면서도 이슬람 문화에 대해서는 거의 무지한 상태이다. 이슬람을 종종 —'만수르'라는 이름이 상징하듯이— 오일 달러를 통해 졸부卒富 는 되었지만 문화적으로는 여전히 낮은 상태에 있는 종족의 연합체로 생각한다. 그러나 예루살렘을 대표하는 '황금돔 사원', 이스탄불의 '블루 모스크', 코르도바의 '일림브라 궁전' 등을 방문한 이들은 이슬람 전통 문화의 높은 수준에 깜짝 놀란다. 우리뿐만 아니라 서양 중세에 살던 이들에게도 이슬람 문화는 낯설지만 매혹적인 경탄의 대상이었다. 그렇다면 이슬람 문화는 어떻게 해서 그처럼 높은 수준에 도달할 수 있었던 것일까?

이슬람의 태동과 정복 전쟁

이슬람islam이란 말은 복종을 의미하며, 유일신 '알라'Allāh에 대한 절대 복종을 요구하는 종교에서 유래했다. 이 종교는 '사라센'Saracen이라고 불리던 아랍인들의 땅 아라비아 반도에서 시작되었다. 이슬람교가 창시되기 전까지 사막으로 뒤덮인 아라비아 반도는 매우 낙후한 지역이었다. 인접한 두 거대한 제국인 로마와 페르시아는 아랍인의 영토를 점령할 가치조차 없다고 생각했다. 대부분의 아랍인(사라센)은 유목생활을 하며 나라도 없이 '부족'을 형성하고 있었다. 6세기 후반 아프리카와 아시아를 왕래하던 대상隊商, caravans이 비잔틴 제국과 페르시아 간의 오랜 전쟁을 피해 아라비아를 통과하면서 이 지역은 경제적으로 활기를 띠게 되었다. 이 시기에 새 종교의 창시자 무하마드Muhammad, 570~632가 메카에서 태어났다. 부유한 상인 아부 바크르Abū Bakr, 573?~634의 딸과 결혼한 그는 일찍부터 북부 아라비아 도시에 사는 많은 유대인 및 그리스도교인과의 친교를 통하여 그들의 종교적 영향을 받았다. 그 영향에 따라 유일신 알라가 예언자 아브라함, 모세를 통해 인간에게 계시를 전했으며, 신의 심판이 임박했기 때문에 만민은 신에게 복종해야만 한다고 믿었다. 중년에 접어든 무하마드는 자신이 아라비아인을 구원하기 위해 임명된 알라신의 도구라고 확신했다. 이슬람교는 그 엄격한 유일신 사상, 개인의 도덕과 동정심에 대한 강조, 계시에 의해 기록된 경전에 의존한다는 점에서 유대교나 그리스도교와 상당히 비슷한 면모를 보였다. 그러나 무하마드는 그리스도의 신성을 믿지 않았고, 그리스도교의 성사나 사제직, 희생적 사랑 등을 무시했다. 그는 신의 계시를 모은 『코란』*Koran*을 편찬해 '무슬림'*Muslim*에게 삶의 지침으로 주었다. 무슬림은 이슬람교를 믿는 신도들을 가리키는 말로 신에게 복종하는 의무를 졌다. 이에 따라 무슬림은 철저한 도덕적 정직성과 동정심을 구비해야 하며, 종교적 의무(기도와 금식, 메카 순례,『코란』음송 등)를 성실하게 준행해야 했다.

무슬림은 무하마드가 '가장 위대한 마지막 예언자'라고 믿었다. 이들은 무하마드가 죽자, 그의 장인인 아부 바크르를 '칼리프'*caliph*(예언자의 대리인)로 지명했다. 아부 바크르는 열렬한 추종자 우마르*Umar, 583?~644*와 함께 무하마드를 받아들이려 하지 않은 아랍의 여러 부족을 군사적으로 복종시켰다. 2대 칼리프로 지명된 우마르는 인접 제국에 대한 정복 활동을 계속했다. 무슬림은 금세 시리아와 팔레스티나는 물론 페르시아와 이집트까지 점령했다. 이어 북아프리카를 가로질러 서쪽으로 진격했고, 8세기 초에는 에스파냐로 쳐들어가 그 지역 대부분도 차지했다. 그 결과 무슬림은 불과 1세기도 채 지나지 않아 고대 페르시아 제국의 전부와 구舊로마 세계의 많은 부분을 차지하게 되었다.

이슬람 문화의 발전: 아리스토텔레스 번역에 기반한 과학적 성과

이슬람은 방대한 제국과 수많은 지역과 민족을 지배하게 되었고, 아랍어는 매우 빠른 속도로 다른 언어를 대체하여 행정·상업·교육의 수단이 되었다. 이슬람을 받드는 국가의 보호 아래 아랍어의 풍부함과 새로

천문 연구를 하고 있는 이슬람 학자들. 9세기경 압바스 왕조의 7대 칼리프 알 마문에 의해 설립된 '지혜의 집'은 암흑의 시대였던 서양과 대비해보면 전 세계 지식문화의 용광로였다. 이곳에서 고대 이래 잊혀졌던 고대 그리스 사상가들의 그리스어 텍스트 대부분이 번역되었다.

운 신앙의 영감은 독창적인 문화를 탄생시켰다. 그 문화의 배경에는 뜻하지 않게 획득한 문화적인 보물이 놓여 있었다. 알렉산드리아나 안티오키아와 같은 곳에 축적되어 있던 그리스-로마 문화라는 엄청난 보물을 손에 쥐게 된 것이다. 이를 계기로 이슬람 문화는 폭발적인 수준으로 발전하게 된다.

이를 사전에 준비한 것은 그리스도교에서 이단으로 판정받은 네스토리우스파Nestorianism와 단성론자들Monophysites이었다. 이들은 아리스토텔레스의 책들과 다른 그리스의 과학서적들을 시리아어로 번역해놓았다. 이 지역을 점령한 이슬람은 아리스토텔레스 책들의 그리스어 원본과 시리아어 번역본을 발견한 후 그 중요성을 깨달았다. 이슬람의 지도자들은 곳곳에 대규모 공립 도서관을 짓고, 그리스어나 시리아어로 되어 있던 책들을 아랍어로 번역하라는 명을 내렸다. 특히 알 마문Al-Maʾmun, 786~833이 바그다드에 지은 '지혜의 집'House of Wisdom에서는 번역자들을 매우 우대했다. 전설에 의하면, 저울 한쪽에는 번역된 양피지를 올려놓고, 다른 한쪽에는 그 무게에 상응하는 금을 얹어주었다고 한다. 파격적인 지원 정책에 따라 아리스토텔레스의 작품뿐만 아니라 그리스의 과학서적들도 모두 아랍어로 번역되었다. 비록 그리스 문화에 많이 의존해 만들어졌지만, 토대가 마련되자 그 문화는 아랍적 전통과 표현 방식, 이슬람적 가치와 기준의 공통점을 갖게 되었다. 이러한 문화가 정복자들의 언어가 가지는 권위, 행정과 상업 언어로서의 실제적인 효용성, 제국의 문명이 가지는 다양성과 기회 등에 힘입어 이슬람의 독창적인 문화로 발전했다.

이슬람이 가장 먼저 관심을 보인 것은 실용적인 과학 분야였다. 우선 연금술Alchemy에서 이루어진 다양한 시도의 부산물로 화학 지식이 축적되었다. 또 천문학은 기하학적인 토대가 제대로 잡혀 있지 않으면 발달하기 어려운데, 아랍인들은 천문학을 놀라울 정도의 수준으로 끌어올렸다. 현대처럼 첨단 기술을 갖춘 과학 측정 도구도 없이 아랍인들은 오차 몇 퍼센트 이내로 거의 완벽하게 지구의 둘레가 약 4만 킬로미터임을 측정할 정도였다. 이를 가능하게 해준 것은 아랍인들이 만들어낸 '아스트롤라비움'Astrolabium이라는 도구였다. 코페르니쿠스도 사용했던 이 도구에 별들의 위치를 맞추어놓으면, 자신이 지금 어느 위치에 있는지를 쉽게 파악할 수 있었다. 의학도 발달해서 홍역 등의 전염병과 의약 분야의 업적이 탁월했고 최초의 종합병원 시스템이 탄생했다. 아울러 아라비아 숫자를 바탕으로 산술학 분야도 발전했다. 이러한 과학 분야 이외에도 주식회사·수표·신용장과 같은 경제 분야를 넘어 문학·미술·음악·건축에 이르기까지 다양한 분야에서 훌륭한 유산을 남겼다.

이슬람 문화의 다양한 발전을 잘 보여주는 이가 바로 아비센나Avicenna, 980~1037라는 학자이다. 아리스토텔레스처럼 아비센나도 한 분야에서만 전문가가 아니었다. 의사로서 아픈 환자들을 돌봐주다가 갑자기 재판할 일이 생기면 가서 재판을 했고, 갑자기 왕이 부르면 또 가서 자문관으로서 정치에도 참여했다. 매우 박식했던 아리스토텔레스처럼 아비센나도 여러 분야에서 두각을 나타냈다. 언제 어디서나 학문 탐구에 열정적이었던 그는 『치유의 책』 또는 『충족』Sufficientiae이라고 불리는 백과사전을 저술했다. 이 책은 논리학, 자연학, 수학, 심리학, 형이상학 등을 포괄하고 있었다. 더욱이 아비센나가 쓴 『의학정전』은 중세 대학에서도 교과서로 사용될 정도로 훌륭했다.

이렇게 발달된 문화의 뒤에는 아랍의 철학자들이 있었고, 이들은 아리스토텔레스를 자신들의 스승으로 삼았다. 이슬람 문화는 헬레니즘 문화와 페르시아 문화의 토대 위에 이슬람의 창의성을 더해 이루어졌다. 9~11세기까지 동아시아를 제외하고 가장 문화가 발달했던 곳은 서유럽이 아니라 바로 이슬람 영향권에 있던 지역이었다.

타종교에 대한 관용에서 폐쇄적인 종교 지상주의로

이슬람교는 아라비아 반도의 범위를 벗어나 멀리 확산되기 시작하면서 보편주의를 주장했으며, 또 세계 통합에서의 독자적 역할을 맡게 되었다. 이슬람교가 아라비아 반도를 벗어나 빠르게 팽창한 것은 정복 전쟁이나 현실적 보상 때문만은 아니었다. 정복지에 대한 관용정책도 큰

다양한 학문 분야에 박식했던 이슬람 사상가 아비센나. 이슬람 시대 아리스토텔레스 철학의 대가였던 그는 특히 의학 분야에서도 엄청난 업적을 남겼는데, 그것이 바로『의학정전』이다. 이 책은 12~17세기에 걸쳐 유럽 대학 대부분에서 의학 교과서로 사용될 만큼 그 권위를 인정받았다. 아랍어 본명은 이븐 시나(Ibn Sinā)이다.

역할을 했다. 페르시아와 비잔틴 지역의 주민들은 관료적인 제국 정부의 가혹한 징세 요구에 대해 적대감을 품고 있었다. 무슬림은 비잔틴·페르시아 정부보다 세금을 더 적게 거두었기에 피정복지 주민들은 새 지배자를 정복자라기보다 해방자로 생각했다. 그래서 정복된 여러 민족은 비잔틴이나 페르시아 두 제국의 침략에 적극 협조했던 것이다.

　이슬람에 대한 오해 가운데 하나는 무슬림이 시종일관 "칼이냐 코란이냐"라고 타종교인들을 강제로 개종시켰다는 것이다. 초기 무슬림은 오히려 유대인과 그리스도교인들에게 개종을 강요하지 않았고 자유로운 거주를 허용했다. 이슬람의 종교적 관용에 대한 증거로 마이모니데스 Moses Maimonides, 1135~1204 라는 유대인 철학자를 주목할 만하다. 마이모니데스는 유대인이기에 히브리어로 책을 남기기도 했지만 대부분의 책은 아랍어로 저술했다. 그는 유대인이었지만 이슬람의 공용어인 아랍어를 사용할 정도로 종교 간의 큰 갈등이 없었다. 단지 피정복민들의 문화와 종교를 보호해주는 대가로 그들에게 세금을 부과했다. 시간이 지나면서 타종교인들은 더 많은 자유와 평등이 주어지는 이슬람으로 대거 개종하기 시작했다. 오히려 이슬람 정부는 국가 수입의 증대를 위해 세금 감면 목적의 개종을 막는 백서를 발표할 정도였다.

그렇지만 개방적이던 이슬람 문화는 종교 지상주의 신학자들이 실권을 차지하면서 몰락하게 된다. 우선 아랍인 철학자들이 문화 전반에서 활약하자, 폐쇄적인 신학자들이 철학자들을 공격하기 시작했다. '팔라시파'Falasifa라고 불리던 아랍인 철학자들이 문화 전반에서 활약하자, 철학자와 신학자의 관계가 악화되기 시작했다. 예를 들어 알 가잘리al-Ghazālī, 1058~1111라는 신학자는 철학자들의 생각에 모순이 있음을 증명하기 위해 열심히 철학을 연구했다. 그는 『철학자들의 모순』Tahāfut al-Falāsifa에서 철학자들이 이성적인 내용을 들여와서 이슬람 신학을 위협한다고 주장했다. 이런 입장에 동조하는 종교 지상주의자가 이슬람 문화권 안에서 점차 힘을 얻었다. 그 영향이 자유롭게 학문을 논하던 코르도바 지역에까지 미치게 되었다.

이렇게 경직되어 가던 분위기 속에서 학문의 자유를 옹호한 이슬람 철학자가 아베로에스Averroes, 1126~98이다. 그는 아리스토텔레스야말로 "지성의 화신이요, 진리를 가르치는 최고의 스승"이라고 생각했다. 그래서 난해한 아리스토텔레스의 책들을 다양한 방식으로 주해했다. 요약된 형태의 주해를 넘어 아리스토텔레스 본문 전체를 꼼꼼하게 주해함으로써 아무 수식 없이 '주해가'Commentator라고 쓰면 곧 그를 의미할 정도로 명성

아리스토텔레스 철학의 '코멘타토르'(주해가) 아베로에스. 그는 아리스토텔레스야말로 "지성의 화신이요, 진리를 가르치는 최고의 스승"이라고 생각했으며, 신학자들이 철학을 공격하는 것을 막기 위해『모순의 모순』을 저술하기도 했다.

을 얻었다. 더 나아가 아베로에스는 알 가잘리 같은 신학자들이 철학을 공격하는 것을 막기 위해『모순의 모순』을 저술했다. 여기서 아베로에스는 "아리스토텔레스 사상 안에 담긴 진리가 이해하기 어려우니, 그 진리를 평범한 사람들을 위해 비유와 설화 등으로 설명하고 있는 것"이『코란』이라고 주장했다. 코란보다 아리스토텔레스의 책을 더 중시하는 듯한 그의 발언은 신학자들의 거센 분노에 직면했다. 분노한 신학자와 대중은 아베로에스가 대법관으로 일하던 법원 앞에서 시위하고 침도 뱉으며 그를 모독했다. 결국 아베로에스의 책들을 대부분 소각시켜 버렸다. 이렇게 신학 중심주의가 득세한 이래 이슬람은 더 이상 학문적으로나 문화적으로도 눈에 띄는 발전을 이룰 수가 없었다. 자연과학과 철학 등 모든 것은 신학자들의 지휘 아래 탐구되어야 했으며, 이제 과학은 그 자체로서 독립적인 가치를 지니지 못하게 되었다.

이슬람교를 믿는 사람들 안에서도 내분이 발생한 터에 십자군 전쟁을 통해 외부의 적들까지 침략해 들어왔다. 이전에 학문과 문화를 진흥하는 데 사용했던 부는 모두 전쟁 비용으로 탕진되고 말았다. 학문을 연구하는 학자들의 생계가 위협받게 되었으며, 더 이상 연구를 지속할 수 없게 되었다. 이렇게 이슬람 학문이 최고도에 도달했던 전성기는 막을 내렸다.

무슬림은 오늘날 전 세계 인구의 약 1/4을 차지하며, 아프리카로부터 중동, 구^舊소련을 거쳐 인도와 방글라데시, 인도네시아에 이르기까지 넓은 지역에 분포되어 있다. 이슬람은 실로 불교나 그리스도교 이상으로 종교적 요청과 일상생활의 규범을 완전히 일치시킨 가운데 범세계적인 사회를 건설했다. 인종적·언어적·지역적 차이에도 불구하고 모든 무슬림 사이에 유별난 공동체 의식이 남아 있다. 타종교에 버금가게 복잡한 발전 과정을 거친 이슬람교를 이 글에서 개관한 이유는 그 문화가 서양 중세에 미친 영향 때문이다. 초기 이슬람이 보존해서 전해준 아리스토텔레스의 책들은 전성기 스콜라 철학의 밑거름이 되었다. 더 나아가 서양 중세는 이슬람에서 벌어진 신학자들과 철학자들 사이의 논쟁 과정을 유사하게 반복했다. 그럼에도 종교 지상주의자들이 승리한 이슬람과 달리, 중세를 거치며 철학과 자연과학의 독자성을 확보한 서구가 지속적으로 발전하는 과정은 앞으로 살펴볼 예정이다. 낯설지만 매혹적인 중세 이슬람 문화는 편견을 버리고 이슬람을 새로운 눈으로 보도록 우리를 초대한다. 그러나 그 문화가 몰락해간 과정은 경직된 폐쇄성이 얼마나 위험한지를 우리에게 보여주는 타산지석이 될 것이다.

ch 15

성스러운 전쟁은 존재하는가
십자군 전쟁의 그늘

　"하느님께서 그것을 원하신다!"(Deus lo vult!) 1095년 11월, 프랑스의 클레르몽에는 군중의 함성이 울려 퍼졌다. 교황 우르바누스 2세Urbanus II, 1042?~99가 예루살렘 성지 회복을 위한 십자군 원정의 필요성을 역설하자, 군중이 화답한 것이다. 1096년부터 1291년까지 무려 200년 가까이 이어진 십자군 전쟁은 그렇게 시작되었다. 서양 중세 역사에 엄청난 영향을 끼친 십자군 전쟁은 도대체 왜 일어났으며, 어떤 결과를 남겼는가?

십자군 전쟁의 발생 배경

　이슬람이 발흥하여 예루살렘을 점령한 이후에도 그리스도교인들은 평화스럽게 성지를 순례할 수 있었다. 그러나 셀주크 튀르크라는 과격한 성향의 이슬람 민족이 예루살렘을 점령하면서 분위기가 바뀌었다. 강경한 이슬람 세력이 '그리스도의 무덤성당'을 파괴하고 성지 순례객마저 살해하는 일이 벌어졌던 것이다. 더욱이 튀르크족이 콘스탄티노플마저 위협하자, 자존심 강한 비잔틴 제국의 황제 알렉시오스Alexios I Komnenos, 1048?~1118도 라이벌 관계에 있던 로마 교황에게 도움을 요청할 수밖에 없었다. 물론 처음에는 대규모 원정군이 아니라 단순한 용병들을 모집해 달라는 정도였을 것이다. 로마 교황 우르바누스 2세는 알렉시오스 황제의 청을 받아들여 "예루살렘으로 가서 이슬람으로부터 신의 교회를 해방하자"라고 주창했다. "십자군에 참여하면 속죄 행위로서의 고행을 모두 면제받게 해주겠다全大赦"라는 교황의 약속 때문에 처음에는 많은 이가 순례하는 자세로 전쟁에 참여했다. 이렇게 십자군 전쟁은 성지순례의 자유를 되찾고 그리스도교 신앙을 수호한다는 명목으로 일어났다.

그러나 실제로는 매우 복잡한 정치적·사회적 배경이 깔려 있었다. 우선 교황은 십자군 전쟁이 1054년에 갈라진 그리스 정교회를 다시 로마 교회로 통합하는 전환점이 될 것으로 기대했다. 더욱이 종교적 목적의 대규모 원정을 주창함으로써 최대의 적이었던 신성 로마 제국 황제와의 알력 다툼에서 우위를 점하기를 원했다. 더 나아가 거친 성격을 지닌 대규모 병사들을 외부로 방출함으로써 유럽의 대내적 평화를 이룰 수 있으리라고 생각했다.

한편 중세의 기사들은 평화가 정착되는 분위기 속에서 자신들의 공격성을 분출할 수 있는 기회를 찾고 있었다. 장자 상속에서 제외된 귀족들은 유럽 안에서 더 이상 찾기 힘든 자신만의 새로운 영지를 십자군 전쟁을 통해 획득하기를 바랐다. 또한 당시 도시 발달의 주역이 된 상인들은 전쟁을 통해 군대 수송에서 얻는 이익은 물론이고, 비잔틴 제국과 이슬

서구 기독교 세계와 신흥 이슬람 세력이 충돌한 십자군 전쟁. 서구 세계가 전쟁을 일으킨 명분은 성지순례의 자유를 되찾고 그리스도교 신앙을 수호한다는 것이었으나, 실제로는 매우 복잡한 정치적·사회적 배경이 깔려 있었다. 200년에 걸친 전쟁의 영향은 막대했는데, 서구 사회가 비잔틴 문화와 이슬람 문화를 본격적으로 접하게 됨으로써 비약적인 발전을 이룬 점은 주목할 만하다.

람 세계의 사치품들을 싸게 얻을 수 있으리라고 기대했다. 예루살렘에 다녀온 십자군들의 과장된 무용담을 들은 일반 서민들은 멀게만 느껴졌던 예루살렘에 대한 호기심에 사로잡혔다. 만일 이들이 전쟁 중에 죽게 된다면 복잡한 검증 절차 없이 바로 순교자로서 인정받을 수 있다고 믿으며 고행하는 순례자의 자세로 전쟁에 참여했다.

이렇게 십자군 대부분은 '악'으로 규정된 이슬람 세력에 대한 분노, 그리고 세속적인 부와 명예를 차지할 수 있으리라는 욕망 때문에 참여했다. 캔터베리의 안셀무스 같은 일부 정신적 지도자는 전쟁을 통한 문제 해결에 강하게 반대했지만, 그 목소리는 대중의 함성에 묻히고 말았다.

십자군 전쟁의 경과

십자군 전쟁은 처음부터 혼란을 겪었다. 미리 예루살렘에 다녀온 은자 隱者 피에르Pierre l'Ermite, 1053~1115가 약간의 과장과 거짓말을 섞어가며 영웅담을 펼쳐 놓자, 이에 현혹된 농부와 몰락한 가문의 기사 등이 무려 10만 명이나 모여들었다. 군비를 제대로 갖추지 못한 이른바 '군중 십자군'이 오직 성지에 대한 환상만을 가지고 성급히 전쟁길에 올라버렸다. 결국 가는 길에 음식이 떨어지니 약탈이 시작되었다. 비잔틴 제국에 들어서 자마자 그쪽 사람들과 충돌이 일어나 예루살렘 쪽으로 방향으로 돌렸을 때는 10만 명 가운데 불과 2만 명도 채 남지 않았다. 이어서 본격적으로 훈련받은 제1차 십자군이 각지에서 원정에 나섰고, 콘스탄티노플 근처에서 합류하여 알렉시오스 황제를 알현했다. 그러나 십자군은 비잔틴 제국으로부터 식량이나 정보 등의 지원도 받지 못한 채 전쟁터로 내몰렸다. 십자군 본진은 군수물자를 약탈해 자체 조달하며 니케아, 에데사, 안티오키아 등을 거쳐 예루살렘까지 진출하는 데 성공했다. 사분오열되어 있던 이슬람 측의 상황이 십자군의 승리에 큰 도움이 되었다. 이슬람 제후들은 합심해서 십자군과 맞붙어 싸우기는커녕 오히려 앙숙 관계에 있는 다른 제후를 공격해달라고 청탁하기까지 했다. 1099년, 드디어 십자군은 많은 병사들이 사망하는 악전고투 끝에 예루살렘을 점령했다. 하지만 전쟁이 끝나니 대부분의 십자군들은 가족과 자신의 땅이 있는 본래의 고향으로 돌아가고 싶어 했다. 그래서 떠난 십자군 병력을 대체해서 예루살렘을 지키기 위해 성전 기사 수도회, 요한 기사 수도회 등 다양한 기사 수도회들이 결성되었다.

예루살렘을 비롯해서 지중해 연안을 따라 십자군 왕국들이 건설되자,

제3차 십자군 전쟁의 두 주역 살라딘과 사자심왕 리처드. 흔히 '왕들의 전쟁'이라 불린 제3차 십자군 전쟁에는 살라딘과 리처드뿐만 아니라 신성 로마 제국 황제와 프랑스 왕의 군대까지 참전했으나, 각 세력 모두 큰 성과를 거두지는 못했다.

이슬람 제후들은 전쟁의 성격을 비로소 깨달았다. 종교 사이의 전쟁이라고 생각한 이슬람 쪽에서 본격적인 반격이 시작되었다. 결국 1144년에 핵심 도시였던 에데사가 이슬람 손에 넘어가면서 제2차 십자군 전쟁이 발발했다. 이후 십자군 전쟁은 8차까지 이어졌는데, 그 가운데 제3차 때는 가장 강력한 양측 지도자들이 맞붙게 되었다. 이슬람에서는 술탄 살라딘Saladin, 1137~93이, 십자군에서는 영국의 사자심왕 리처드King Richard the Lionheart, 1157~99가 각각 군대를 이끌었다. 뛰어난 지도력을 지닌 술탄 살라딘은 용맹하면서도 관용을 잘 베풀어서 이슬람 제후들을 하나로 통합했고 예루살렘을 다시 점령했다. 사자심왕 리처드는 내분으로 악화된 전력을 가지고 용감히 싸웠지만 예루살렘을 탈환할 수는 없었다. 양쪽 모두 큰 피해를 입었다. 십자군은 평화로운 성지순례를 보장하겠다는 살라딘의 확약에 만족하며 물러나야 했다.

제4차 십자군 전쟁은 가장 추한 전쟁으로 '성스러운 전쟁'이라는 이상이 얼마나 철저히 변질될 수 있는지 적나라하게 보여주었다. 본래 십자군은 1204년 가장 핵심적인 이슬람 세력이 있던 이집트를 치기 위해 출동했다. 그러나 베네치아의 상인들은 수송용 선박을 대주는 대가로 콘스탄티노플부터 공격하라고 요구했다. 돈에 눈이 먼 십자군은 그만 폭도로 돌변해 대응할 준비가 되어 있지 않았던 콘스탄티노플을 손쉽게 점령했다. 동방 교회의 수도였던 이 위대한 도시에서 십자군은 거리를 뛰어다니며 1,000년 동안 비잔틴 제국이 축적한 모든 부를 약탈하고 강간을 저질렀다. 그 과정에서 사람들을 너무 많이 죽여서 그 피가 성 소피아 성당 바닥에 흘러 넘쳐 말발굽을 적실 정도였다. 이른바 창녀라고 불리는 여자를 데려다가 주교좌에 앉히고 성전을 모독하는 일까지 벌였다. 그 뒤에도 십자군 운동은 1291년까지 지리멸렬하게 지속되었지만 이렇다 할 성공을 거두지는 못했다. 그렇다면 이처럼 불합리한 전쟁이 어떻게 그토록 오래 지속될 수 있었을까?

'성스럽지 못한' 십자군 전쟁

교황들과 베르나르두스 수도원장 같은 전쟁 옹호자들은 '성스러운 전쟁', 즉 성전聖戰의 중요성을 새롭게 부각했다. 신앙을 수호하는 성전에 참여하는 것은 수도자가 되는 것 이상으로 보람 있는 일이며, 더욱이 십자군 전쟁은 악한 세력인 이슬람을 몰아내기 때문에 특별한 가치를 지닌다고 강변했다. 이들은 자신의 이론을 정당화하기 위해 아우구스티누스의 말을 인용했다. "불의한 자들이 의로운 자들을 지배하는 것보다 더 고약한 일은 없기"(『신국론』IV, 15) 때문에 타자의 불의를 막아내기 위한 '성전'이 필요하다는 주장이었다.

그러나 전쟁 옹호자들은 아우구스티누스의 진정한 의도를 주목하지 않았다. 아우구스티누스에 따르면, "전쟁을 통해 손상된 정의를 회복할 때도 적에게 수치나 분노의 감정을 주어서 또 다른 갈등의 씨앗을 뿌려서는 안 된다. 또한 전쟁에서는 적대감을 최대한 억제하고 소중한 인간성을 존중해야 한다." 아우구스티누스는 "직접적인 공격을 받기 전에는 전쟁을 시작해서는 안 되고, 전쟁을 통해 손상된 정의를 회복할 때도 이미 받은 피해의 규모를 넘어서서는 안 된다"라는 제한도 부과했다. 결국 아우구스티누스는 '성전'이 필연적인 것처럼 보이더라도 신앙의 지혜를 가진 이에게는 도무지 칭찬할 만한 것이 못 된다고 강조했다.

십자군 전쟁을 주창하던 이들은 또한 중세 시대에 발전한 '평화운동'의 관습도 무시했다. 이미 10세기 말부터 프랑스 교회는 '신의 평화'라 하여 비전투원에 대한 공격을 금지했고, '신의 휴전'이라 하여 특정한 축일에는 전투 행위를 금지했다. 그러나 아쉽게도 십자군 전쟁에서는 이러한 안전장치들이 모두 제대로 작동되지 않았다. 전쟁 옹호자들이 성전의 중요성에 대한 새로운 개념을 형성했던 것이다. 그들에 따르면, 성전의 동기는 명성이나 돈이나 땅을 얻기 위한 것이 아니었다. 자유를 보호하고 국가를 방어하며 교회를 보호하는 것이 성전의 동기였다. 이런 종류의 전쟁에 참여하는 것은 수도자가 되는 것 이상으로 보람 있는 일이었다. 따라서 악한 세력으로 규정된 이슬람을 몰아내기 위한 십자군 전쟁은 특별한 의미에서 성전의 가치를 지닌다는 것이었다. 이렇게 신의 명령, 거룩한 의무라는 말로 전쟁의 정당성이 확보됨으로써 일반 전쟁보다 더욱 잔혹한 학살이 벌어지고 말았다. 자신의 행위에 자부심을 가진 군인들은 잔혹한 행동을 저지르면서도 양심의 가책을 느끼지 못했다. 실제로 십자군은 너무 잔혹한 방법으로 학살을 자행했는데, 마라^{Mara}라는 도시에서는 임산부의 배를 가르고, 안티오키아를 공격할 때는 자신들이 잡은 포로들의 목을 따서 투석기로 던져 올리는 등 잔혹한 만행을 저지르며 다녔다. 이런 학살을 경험한 무슬림은 무자비한 자들로 규정된 십자군에 맞서서 '지하드'^{Jihād}라는 이슬람식 성전 개념을 발전시켰다. 그리스도교의 만행에 앙심을 품은 자들은 많은 그리스도교인을 학살했고, 이런 학살에 대한 분노는 또 다른 폭력으로 반복되었다. 이런 폭력의 악순환은 십자군 전쟁 때부터 시작되어 현대까지 지속되고 있다.

가장 대표적인 종교 전쟁이라 불리는 십자군 전쟁은 현대인들에게도 많은 시사점을 안겨준다. 십자군 전쟁이 보여주듯이 종교나 그 밖의 그럴듯한 이상을 내건다고 해도 전쟁은 애초에 숨겨진 탐욕들 때문에 일어나거나 그것을 수행하는 과정에서 변질되고 만다. 십자군 전쟁을 옹호한 그리스도교인들은 스승 아우구스티누스의 가르침을 저버리고 신을 목적으로 '향유'하는 대신, 세속적 권력이나 부를 얻기 위한 수단으로 '사용'한 것이다. 그러나 전쟁의 계속된 실패로 인해 교황의 권위는 바닥으로 추락해버렸다. 오히려 무수히 죽은 제후와 기사들의 영지를 국왕이 흡수하면서 절대 왕권이 시작할 계기가 마련되었다. 이로써 종교적 권위가 우위를 점령했던 기존의 중세 봉건 체제는 뿌리부터 흔들리게 되었다.

그런데 제3차 십자군 전쟁에서 살라딘과 사자심왕 리처드는 결국 타협으로 평화를 찾았다. 더욱이 제6차 십자군 전쟁에서 프리드리히 2세

Friedrich II, 1194~1250는 자신의 아랍 친화적인 지식을 바탕으로 전쟁을 하지 않고도 예루살렘 순례 권한을 다시 얻어냈다는 점에 주목해야 한다. 판도라 상자의 희망처럼 십자군 전쟁의 와중에도 새로운 발전의 싹이 돋아났다. 서방에서는 공동체 의식이 강화되었고, 무역이 활발해져서 비잔틴 제국과 이슬람 문화의 접촉으로 앞으로 스콜라 사상이 폭발적으로 발전될 수 있는 토대가 마련되었던 것이다.

우리나라의 국민들은 현대사에서 가장 참혹한 전쟁을 직접 경험했다. 그렇지만 60여 년의 세월이 흐르면서 그 잔혹한 체험들은 색이 바랬고, 너무 오랫동안 전쟁의 위협 속에서 살아온 탓인지 전쟁은 상상 속의 세계로 후퇴해버렸다. '선제 타격' '대량응징 보복' 등 전쟁이라는 카드는 불장난하는 어린아이처럼 함부로 만지작거릴 수 있는 카드가 아니다. 전투 현장에서 멀리 떨어져 갑론을박하는 이들에게는 전쟁이 컴퓨터 게임처럼 느껴지는 시기이지만, 그 현장에서 벌어지는 참혹함은 중세 시대의 전쟁을 훨씬 더 넘어서고 있다. 따라서 남·북한 양측 모두 서로를 초토화할 수 있는 파괴력을 소유하고 있는 상황에서 전쟁을 사용할 수 있는 수단처럼 언급하는 것은 미친 짓이다.

아우구스티누스에 따르면, 전쟁이라는 것은 "상대방을 자기 사람으로 만들고, 자기에게 정복된 인간들에게 자기 나름대로 평화의 법률을 부과하고 싶어"(『신국론』 XIX. 12.1) 하는 욕심에서 발생한다. 영토의 통일된 지배를 염원하는, 인간들의 타고난 욕심에 곧 다툼의 원천이 자리 잡고 있다. 그렇지만 아우구스티누스는 전쟁이 다툼을 끝맺기 위한 적당한 수단이라고는 생각하지 않았다. 오히려 통일을 기하려는 노력이 커질수록 그만큼 분열이 초래되는 역설적인 현상이 빚어진다. 전쟁치고 당사자들의 단결을 초래하지 않는 전쟁, 평화를 명분으로 삼거나 희구하지 않는 전쟁은 없다. 따라서 한반도에서 '불바다' '선제 타격' 등을 외치는 강경론자들도 자신이 생각하는 이념을 강요하기 이전에 심각하게 성찰해야 한다. "전쟁을 정당화하는 이념이 있다 하더라도 그것이 과연 개인의 소중한 생명을 희생할 만한 가치를 지닐 수 있을까?" 우리는 '성스러운 전쟁'의 핑계를 찾을 것이 아니라 불의와 충돌의 근본 원인을 서로의 마음에서 제거하는 일에 온 힘을 다해야 한다.

'신앙과 충돌' 강의 금지령이 외려 새시대를 열다
아리스토텔레스의 재발견

"형이상학과 자연학에 대한 아리스토텔레스의 저서를 공적으로나 사적으로 가르치는 것을 금한다." 1215년 신흥 파리 대학은 학칙을 통해 아리스토텔레스의 저서 관련 강의를 금했다. 아리스토텔레스의 저서들은 대학에서 다양하게 활용될 수 있을 뿐만 아니라 12세기부터 새롭게 번역 소개되면서 선풍적인 인기를 끌었기 때문에 이 금지령은 더욱 충격적이었다. 이 금지령을 제대로 이해하기 위해 우선 아리스토텔레스가 다시 서구 세계에 등장하게 된 배경부터 살펴보자.

아리스토텔레스Aristoteles, 기원전 384~322는 매우 박식한 학자답게 광범위한 분야에서 많은 저작을 남겼다. 그렇지만 그의 스승 플라톤이 신플라톤주의를 통해 지속적으로 존경을 받은 반면, 아리스토텔레스는 서구 세계에서 거의 잊히고 말았다. 단지 보에티우스가 번역해서 진해준 『범주론』과 『명제론』 덕분에 '논리학자'로서 명맥을 유지하고 있었을 뿐이다.

11세기부터 변증론이 발달하면서 아벨라르두스의 제자들을 비롯하여 많은 학자가 호기심에 가득 차 아리스토텔레스의 사라진 저서들을 찾기 시작했다. 그들이 원했던 책들을 주로 발견한 곳은 '재정복운동'Reconquista을 통해 다시 그리스도교화한 스페인 중부, 이탈리아 남부와 시칠리아 지역 등이었다. 아랍 철학자들이 연구하던 아리스토텔레스 저서들과 그 주해서가 이곳에 남아 서구 학자들의 손에 들어오게 되었다. 아랍어와 그리스어에 능통했던 현지 학자들의 도움으로 금세 대규모 번역운동이 벌어졌다. 교회(톨레도의 라이문두스 대주교 등)와 국가(신성 로마 제국 황제 프리드리히 2세)의 지원까지 더해져 번역의 속도는 더욱 빨라졌다. 1120~1200년까지 아리스토텔레스 저서들 대부분이 라틴어로 번역되었다.

그렇다면 당시 파리 대학은 왜 이처럼 어렵게 재발견한 아리스토텔레스의 사상을 거부했을까? 그리고 이 강의 금지령은 과연 성과를 거두었을까?

강의 금지령이 내려진 이유와 전개과정

본격적인 연구가 진행됨에 따라 아리스토텔레스의 사상 안에 그리스도교 신앙과 충돌을 일으키는 내용들이 포함되어 있다는 비판이 제기되었다. 먼저 아리스토텔레스를 비롯한 고대 그리스 학자들은 형상의 부여와 이탈을 통해 물체들이 생겼다 사라지더라도 그 기본이 되는 질료만은 지속된다고 생각했다. 즉 질료는 영원으로부터 존재했고 영원히 존재하리라는 것이다. 이를 후대 학자들은 '세계의 영원성'이라고 불렀다. 그런데 이런 주장은 그리스도교의 창조 이론과 충돌을 일으켰다. 그리스

서양 중세 철학과 신학의 사상적 토대를 제공한 아리스토텔레스. 그의 사상은 11~12세기에 걸쳐 서양 세계 전체에 큰 파급력을 갖고 지석 세계의 일대 혁신을 가져왔으나, 차츰 그리스도교 신앙과의 충돌 문제로 새로운 해석을 요구받았다.

도교에서는 절대자인 창조주Creator가 '무로부터'ex nihilo 형상은 물론이고 질료를 창조하면서 시간도 함께 시작했다고 가르쳤다. 이 가르침에 따르면, 창조 이전에 무언가가 이미 존재하고 있었다는 주장을 인정할 수 없었다. 두 번째로 아랍 철학자들이 아리스토텔레스의 『영혼론』을 주해하는 과정에서 '단일지성론'이 등장했다. 아리스토텔레스는 자신의 '질료형상론'에 따라 "질료가 되는 육체와, 형상이 되는 이성혼이 결합하여 인간을 이룬다"라고 주장했다. 질료와 형상이 따로 분리되어 존재할 수 없다는 이론에 따르면, 육체가 죽는 순간에 영혼을 포함해 인간은 모두 사라져버린다는 결론이 기대된다. 그렇지만 아리스토텔레스는 인간의 지성은 육체와 독립된 기능이라는 말로 죽음 이후에도 존속될 가능성을 열어놓았다. 이런 애매모호한 설명을 명확히 하기 위해 아랍 철학자들은 "한 인간이 죽게 되면 그 지성은 단일한 우주 지성으로 되돌아간다"라는 '지성의 단일성'을 주장했다. 그런데 이 결론을 받아들이게 되면, 보상이나 처벌을 받을 개별적인 인간이 남아 있지 않아서 그리스도교의 최후 심판과 인간의 구원 전체가 위협받을 수 있었다. 세 번째로 자연과학적인 성찰을 강조했던 아리스토텔레스가 자연법칙의 필연성을 강조한 것이 문제가 되었다. 자연법칙이 절대적이라면 성경에서 언급된 기적과 같은 예외는 일어날 수 없으므로 신의 섭리가 위협받게 되리라는 것이다. 이런 이유들 때문에 결국 1210년 파리 종교 회의에서, 그리고 1215년에는 파리 대학 학칙에서 강의 금지령이 내려졌다.

그러나 이 명령이 아리스토텔레스 저서의 소유나 연구를 금지한 것은 아니었다. 대학 교수들은 비판을 위해서라도 자유롭게 그 저서들을 읽고 연구할 수 있었다. 단지 아직 비판적인 사고능력을 갖추지 못한 학생들에게 직접적인 영향을 끼치는 것을 막기 위해 강의를 금지했을 뿐이다.

강의 금지령은 계속해서 반복적으로 내려졌는데, 이것은 그 명령이 잘 지켜지지 않았다는 사실을 반증한다. 사람들은 아리스토텔레스에게 더 큰 궁금증을 가지고 그의 사상을 연구하기 시작했다. 이 과정에서 몇몇 선구적인 학자들은 아리스토텔레스 저서들에는 그리스도교에 부합하는 내용이 더 많으므로 교회를 위해서도 이를 적극 활용해야 한다고 주장했다. 결국 1231년의 금지령은 "신학위원회에서 아리스토텔레스 저서에서 위험한 부분을 수정 또는 세거할 때까지만"이라는 단서를 달고 약화되었다. 그런데 이러한 절충적 태도는 학자들에게 더 큰 호기심만 불러일으켰다.

드디어 1255년 파리 대학의 새로운 학사 규정이 발표되었는데, 그 내용은 강의에서 아리스토텔레스의 작품들을 모두 사용해도 좋다는 것이었다. 강의 금지령이 내려진 지 채 50년도 되지 않아서 이제는 아리스토텔레스에 대한 연구와 강의가 오히려 권장되었다. 아무런 수식어 없이 "철학자가 말하기를"Philosophus dicit 이라고 글을 시작하면, 이는 곧 "철학자 아리스토텔레스가 말하기를"이라고 읽힐 정도였다. 아리스토텔레스를 최고의 스승으로서 존경하는 사람들이 많아졌고, 13세기에는 아리스토텔레스 저서 필사본이 크게 유행을 했다. 또한 그 어려운 내용을 좀 더 알기 쉽게 해주는 주해서도 널리 퍼져나갔다. 그 가운데서도 베스트셀러는 아랍 철학자 아베로에스가 주해한 것이었다. 이렇게 완성된 '아리스토텔레스의 재발견'을 통해 13세기에 스콜라 철학이 융성할 수 있는 튼튼한 기초가 마련되었다. 그의 사상은 절대적인 영향력을 끼쳤는데, 향후 200년 동안 '아리스토텔레스의 시대'로 불릴 정도였다.

아리스토텔레스 수용과정에서 나타난 다양한 경향

아리스토텔레스에 대한 연구와 강의가 자유로워졌다고 해서 모든 학자들이 획일적인 입장을 취했던 것은 아니다. 다수의 주교와 대학 총장이 포함된 보수적인 학자들은 아리스토텔레스를 전폭적으로 지지할 수 없었다. 그들은 여전히 모든 참된 지혜가 성경 안에서 발견된다고 믿었기 때문이다. 이 지혜를 가르쳐준 스승으로서 아우구스티누스를 존경했기 때문에 '보수적 아우구스티누스주의'를 견지했다. 그들은 아리스토텔레스를 자연학 분야의 전문가로서는 인정했지만, 결코 진정한 지혜의 스승이라고는 인정하지 않았다.

이와는 대조적으로 아리스토텔레스를 적극적으로 추종하는 '극단적 아리스토텔레스주의'도 등장했다. 이 견해의 추종자들은 "아리스토텔레스야말로 지혜의 화신이며 절대적으로 존경받아야 할 분"이라고 생각했다. 아리스토텔레스의 사상에 심취한 그들은 독창적인 연구보다 아리스토텔레스의 저서를 올바로 주해하는 일에 만족했다. 그들은 가장 뛰어난 '주해가'Commentator로 인정받던 아베로에스를 존경했기 때문에 종종 '라틴 아베로에스주의자'라고도 불렸다. 그들의 대부분은 상위 학부에 속한 신학을 아직 제대로 배우지 못한 인문학부의 젊은 교수들이었다. 이런 입장은 쉽게 사대주의事大主義에 빠질 수 있는 위험성을 내포하고 있었다.

두 극단적인 경향과는 달리 아리스토텔레스 자신이 강조했던 '중용'의 길을 가려는 학자들도 등장했다. 그 학자들은 '온건한 아리스토텔레스주의'라고 불렸다. 그들은 '보수적 아우구스티누스주의'처럼 선입관을 가지고 아리스토텔레스의 견해를 반대하지도 않고, '극단적 아리스

'보편박사' 대(大) 알베르투스. 도미니쿠스 수도회의 중심 인물이었던 그는 제
자인 토마스 아퀴나스와 함께 스콜라 철학을 완성한 대철학자였다. 그는 "아리
스토텔레스 철학의 모든 부분을 라틴 세계 인간에게 이해 가능한 것이 되게 하
자"라는 계획을 갖고 학문 연구에 임한 것으로 유명하다.

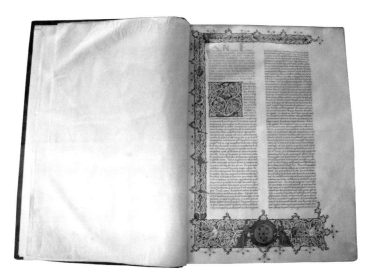

마그누스 알베르투스의 저서. 알베르투스는 자신의 주해에서 아리스토텔레스의 장(章)과 절(節)의 순서를 따르지만, '의역 주해'라는 작업 방식으로 의식적으로 본래 텍스트에서 탈루되거나 부족한 부분을 완성해 나갔다.

토텔레스주의'처럼 무비판적으로 수용하려고 하지도 않았다. 그들을 이끈 대표자는 대大 알베르투스Albertus Magnus, 1193~1280였다. 학자 중에서 매우 예외적으로 '위대한'이라는 의미를 지닌 '마그누스'magnus, 大라는 칭호를 받은 알베르투스는 당시 '보편박사'라고 지칭될 만큼 권위를 인정받았다. 그는 "아리스토텔레스 철학의 모든 부분을 라틴 세계 인간에게 이해 가능한 것이 되게 하자"라고 계획했다. 그는 이미 아리스토텔레스 강의 금지령이 내려져 있는 시기에 그 중요성을 간파하여 아리스토텔레스의 주요 저서를 주해할 정도로 열린 사상을 지니고 있었다. 또한 그는 동식물과 광물계의 관찰과 천문학적 연구에도 관심을 가졌는데, 비록 아리스토텔레스의 학설이라 하더라도 자신의 관찰 결과와 차이가 날 때는 과감히 수정했다. 대 알베르투스는 이런 열린 정신으로 토마스 아퀴나스라는 걸출한 제자를 길러냈다. 그들은 자신의 주체성을 지키면서도 '시대정신'으로 떠오른 아리스토텔레스 사상을 적극적으로 수용했다. 이를 통해 자신들이 믿고 있던 그리스도교의 교리를 새로운 방식으로 설명함으로써 스콜라 신학을 완성했다.

서구 세계가 아리스토텔레스의 사상을 재발견했던 과정은 우리나라가 서양 문화를 처음 만나면서 겪어야 했던 시행착오를 성찰하도록 이끈다. 흥선대원군이 취했던 쇄국 정책만으로는 무력으로 개항을 요구하는 서구 제국주의를 막아낼 수 없었다. 그렇다고 사대주의로 기울어진 개화파의 무분별한 서구 문화 추종도 긍정적으로 평가되기 어렵다. 주체성을 지키면서도 새로운 문화를 적극적으로 수용해야 하는 과제는 한 세기가 지난 현재까지도 미완의 상태로 남아 있다. 대 알베르투스는 '전통에 근거한 주체의식과 새로운 사상에 대한 열린 마음'이 얼마나 소중한가를 우리에게 일깨워준다.

제 5 부

중세 문화의 황금기: 13세기

중세 대학에서도 '금수저 우대' 없었건만……
서구 학문의 요람인 대학

이른바 '비선실세'의 딸이 다니던 한 유명대학교 총장이 불명예스럽게 퇴진하고 구속되었다. 권력을 등에 업고 부정입학한 그 학생에게 학점 특혜를 제공했던 교수들도 줄줄이 구속되었다. 이 사태에 대해 언론들은 "정부, 돈줄 쥐고 대학 통제 …… 이대 사태 불렀다"라는 등의 비판 기사를 쏟아냈다. 실제로 '개혁'을 주도한다던 교육부와 이를 맹목적으로 추종하던 대학 당국은 진정한 학문의 발전보다는 시장경제의 논리에 따라 대학을 취업 기관으로 만드는 데 온 정신을 집중해왔다. 이런 '대학의 기업화'가 결국 수단 방법을 가리지 않고 탈법까지 저지르도록 부추겨 대학을 폐허로 만들었다. 재정 지원을 미끼로 대학을 통제하려는 교육부와 대학들 사이에, 기업의 취향에 맞는 영역만을 집중 육성하려는 대학 운영진과 이에 따른 학제 개편을 거부하는 교수들 사이에 생긴 건너기 힘든 골짜기가 이번 사태를 통해 분명히 드러났다. 이렇게 방향을 잃은 대학은 도대체 어디로 가야 할까? 이에 대한 답을 찾기 위해 서양 최초의 대학들이 생겼던 중세의 한복판으로 돌아가보자.

중세 대학의 발생 배경

서구에서는 11~12세기에 늘어난 인구가 도시로 몰려들어 상업이 발달하고 부가 축적되면서 교육의 기회를 찾는 수요가 급격히 커졌다. 다양한 형태의 조합(길드)이 전문적인 기술력을 통해 상품을 대량생산하기 시작했다. 생산한 것들을 넓은 지역에서 판매하면서 셈법, 계약서 등 여러 가지 지적인 능력이 요구되었다. 주로 시골에 있던 수도원 학교는 물론이고, 도시에 있던 궁정학교나 주교좌 성당학교로도 이 새로운 수요를 감당할 수 없었다. 그래서 수공업자와 상인의 자제를 교육하기 위한 개인 학교가 폭발적으로 증가했다. 새로 생긴 학교들끼리 경쟁이 과열되자, 아주 유명한 교사를 제외한 대부분의 교사들은 안정되게 생계를 유지하기 힘들었다. 더욱이 한 교사가 모든 과목을 강의하는 방식으로는 새로운 시대가 요구하는 전문적인 지식을 전달하기 어려웠다. 개인 학교의 교사들 사이에 연합이 이루어지기 시작했고, 기존의 주교좌 성당학교나 수도원 학교도 동참하면서 12세기 말부터 거대한 조직이 탄생했다. '학생들과 교수들의 연합체'Universitas scholarium et magistrorum, 즉 '대학'University이 탄생한 것이다.

요즘에는 대학이라고 하면 특정 장소에 세워진 건물들을 떠올리지만 처음 대학이 출발할 때는 시설과 장소는 전혀 중요하지 않았다. 유명 대학들도 초창기에는 건물을 전혀 소유하지 못했고 필요에 따라 성당이나 공회당 등을 빌려 강의를 개설했다. 대학이라는 연합체는 훌륭한 교수들과 강의를 듣기 위해 모여든 학생들만으로도 성립되었던 것이다. 이 새로운 연합체 안에서 교수들은 가장 자신 있는 과목에 연구와 강의를 집중했다. 학문의 분업화를 통해 전문적으로 연구할 수 있는 환경이 조성되었고, 각 학문은 훨씬 더 체계적으로 발전하기 시작했다.

중세 대학의 다양한 유형과 교육 방식

대부분의 대학이 학칙도 갖추지 못한 채 출발했기 때문에 정확한 설립 연대는 알 수 없다. 초기에는 통일된 형태나 조직도 없다가 시간이 흐르면서 대학의 중심적인 권한을 누가 가지느냐에 따라 두 유형으로 구분되었다. 지역적으로 알프스 이남 지역에 학생 중심의 대학들이, 이북 지역에는 교수 중심의 대학들이 자리잡았다. 예를 들어 알프스 이남인 이탈리아 대학들의 경우 학생들이 중심에 있었다. 볼로냐 대학은 법학, 살레르노 대학은 의학이 가장 유명했는데 학문의 특성상 나이 든 학생들이 많았다. 이들이 결성한 학생 조합이 교수를 선발하는 일까지 관장했다. 이와는 대조적으로 알프스 이북에 자리한 파리 대학이나 옥스퍼드 대학은 교수들의 조합이 중심이 되었다.

중세 대학이 체계를 갖추어 가면서 공통적인 구조가 생겨났다. 어린 나이의 신입생들은 '인문학부'facultas artium에 입학해서 4~6년가량 '7자유학예'를 비롯한 기초학문과 철학을 배웠다. 인문학부에서 학위baccalaureus를 취득한 학생들만 신학, 의학, 법학으로 이루어진 이른바 '상위학부'로 진학할 수 있었다. 인간의 육체적 생명을 다루는 의학, 사회적 생명을 다루

1088년에 설립하여 전 세계에서 가장 오래된 볼로냐 대학의 강의 모습. 이 대학은 특히 법학 교육으로 유명했으며, 또한 세계 최초로 해부학 강의를 한 곳으로도 잘 알려져 있다. 단테와 페트라르카를 비롯해 에라스무스, 코페르니쿠스 등 걸출한 사상가들을 배출했다.

는 법학, 사후의 영적인 생명까지 다루는 신학은 인문학부에서 인간과 세계에 대한 기본 지식을 갖춘 다음에야 진학이 허용되었던 것이다.

학문의 자유를 지키기 위한 초기 대학의 노력

초기 대학들은 학문을 발전시키기 위해 뛰어난 재능을 지닌 교수와 학생들을 확보하는 것이 가장 중요하다는 사실을 깨닫고 있었다. 따라서

아비센나의『의학정전』에 묘사된 세계 최초의 살레르노 의과대학. 이탈리아 나폴리 남부 살레르노에 설립된 이 대학은 11~13세기에 걸쳐 볼로냐 대학의 법학, 파리 대학의 신학과 더불어 의학으로 명성을 떨쳤다.

대학은 출신 성분이 아닌, 순수하게 '능력'만을 선발 기준으로 삼았다. 평민 출신의 교수일지라도 공평하게 인정받을 수 있었고, 귀족 자제의 학생이나 그렇지 않은 학생이나 차별 없이 공부했다. 이러한 평등의 실천은 철저한 계급사회인 중세의 분위기에서는 파격적이었다. 물론 가난한 학생들은 뛰어난 재능이 있어도 생계비 마련 때문에 공부하기가 쉽지 않았다. 이들을 위해서 부유한 사람들은 무상으로 숙식이 해결되는 기숙사Collegium를 기증했다.

신분, 국적, 언어, 재력 등을 초월해서 모여든 당시 대학인들을 하나로 묶어준 것은 바로 학문적인 관심, 즉 지식 탐구의 열정과 의지였다. 이렇게 중세 대학은 '학문에 대한 사랑'amor scientiae을 토대로 진리를 추구하려는 공동체에서 유래했다. 중세의 대학인들은 설립 이념을 지키기 위해 매우 다양한 방법을 동원했고, 필요에 따라서 교황과 왕을 자신의 보호자로 삼기도 했다. '학생들과 교수들의 연합체'인 대학은 개인 학교가 당했던 불이익에서 벗어나게 되었다. 당시 일부 도시에서는 개인 학교의 수업료 수입에 높은 세금을 매기는 경우도 있었다. 연합체가 구성되면서 대학 구성원들은 우선 개인 학교에 부과되던 과도한 세금에 체계적으로 저항했다. 만일 대규모 대학 구성원들이 다른 도시로 떠나면 도시의 재정에 큰 타격을 입힐 수 있었기 때문이다. 일부 대학들은 연합의 힘을 통해 대학생의 병역 면제라는 특권도 받아냈다.

그렇지만 새롭게 등장한 대학들의 영향력이 커지자 도시나 국가는 대학을 자신의 통제 안에 두려고 했다. 그래서 신흥 대학들에는 지역적으로 멀리 떨어져 간섭하지 못하면서 자신들의 자유를 지켜줄 더 큰 권위가 필요했다. 대학들은 로마에 있는 교황이 자신들을 옹호해주리라 기대했다. 실제로 각 대학이 '교황청 직속 대학'으로 인정된다면, 외교적인 면책특권을 누릴 수 있었다. 이를 배경으로 많은 대학이 자체적인 사법권까지 가지게 되었다. 독일 하이델베르크 대학 같은 경우에는 아직도 현존하고 있는 대학 감옥이 관광의 명소가 되어 있다.

초기 대학이 자신을 통제하려던 정치 세력에 저항한 대표적인 예는 1229년의 총파업이었다. 당시 대학이 누리는 특혜를 시기하는 시민들도 많았고 일부 대학생들은 이를 남용하기도 했다. 이 때문에 '타운town과 가운gown', 즉 도시민과 대학생 사이에 가끔 폭력 사태가 발생했다. 폭력 사태 중에 파리 대학생 한 명이 사망하는 일까지 벌어졌다. 대학 경찰은

파리 대학 박사들의 회합 모습. 파리 대학은 신학 교육의 메카답게 중세 당시는 물론 근대 초까지
신학 논쟁의 한가운데에 있었다. 토마스 아퀴나스가 바로 이 대학 출신이다.

일반 시민에 대한 수사권이 없었기 때문에 파리 경찰의 도움이 필요했다. 그러나 파리 경찰은 범인의 체포에 전혀 협조하지 않았다. 결국 파리 대학의 교수와 학생들은 총파업을 강행하여 파리를 떠나 몽펠리에 대학 등으로 이주해 버렸다. 파리 당국은 2년 동안의 총파업으로 인한 경제적 타격과 실추된 명예를 견디지 못하고 마침내 사과했다. 대학은 공식적인 사과를 받고서야 다시 돌아왔다.

이렇게 중세 대학인들은 매우 자주적인 공동체를 이루었으며, 자신들이 살 조건과 행동을 스스로 결정할 수 있을 만큼 독립되어 있었다. 그들은 이를 통해 많은 특권을 얻어 냈고 시간이 지날수록 대학의 위상은 더 높아졌다. 중세 후기로 갈수록 대학들이 특권을 남용하는 경우도 발생했지만, 적어도 그 중심에는 항상 '학문의 자유'에 대한 갈망이 있었다.

중세 대학이 설립 당시 추구했던 '학문에 대한 사랑'과 '자유를 위한 투쟁'은 현대의 대학이 위기를 극복할 방향을 제시한다. 현대 대학에서는 예전보다 더욱 교묘하게 자본을 통한 통제가 이루어지고 있다. 따라서 대학인들은 눈앞의 작은 이익에만 매몰되는 일 없이 자신이 추구해야 할 이상을 뚜렷이 자각해야 한다. 또한 중세 대학에서 실천한 평등의 원리에 따라 국가와 인류에 이바지할 수 있는 재능 있는 학생들이 금전적인 이유로 대학교육의 기회를 잃어서는 안 된다. 본래부터 대학의 주체였던 교수와 학생이 대학 운영에 직접 참여할 수 있는 체제를 정비함으로써 손상된 대학의 공동체 정신을 회복해야 한다. 취업률이나 논문 숫자 따위 어설픈 기준으로 각 대학을 경쟁으로만 몰아가서는 안 된다. 각 대학의 특성을 살리면서 시너지 효과도 낼 수 있는 연구 및 교육 공동체를 다시 구성할 때 비로소 '지혜의 집'domus sapientiae이라는 초기 대학의 위상을 되찾을 수 있을 것이다.

부와 권력에 맞서고 불의를 꾸짖은 '평화의 사도'
성 프란치스코

자신의 사리사욕을 채우기 위해 부와 권력을 탐하는 자들은 인류 역사가 시작된 이래 계속 존재했지만, 흔히 덜 세속적일 것 같은 중세 교회 안에서도 지속적으로 나타났다. 특히 12세기에 들어서면서 도시와 상공업이 발달하자, 부를 추구하는 경향이 더욱 강해지면서 교회를 큰 위기로 몰아넣었다. 이 위기를 타개할 방향을 제시한 이는 교황이나 뛰어난 학자가 아니었다. '금수저'를 물고 태어났으면서도 자발적으로 가난을 선택했던 아시시의 성 프란치스코Franciscus Assisiensis, 1181?~1226였다. 도대체 그가 누구기에 가톨릭 교회의 개혁을 주도하는 현재 교황도 '프란치스코'라는 이름을 택한 것일까?

'가난 부인'과 사랑에 빠진 프란치스코

프란치스코 디 베르나르도네는 이탈리아 중부 아시시에서 부유한 포목상의 아들로 태어났다. 놀기를 좋아했던 청년 프란치스코는 빼어난 용모와 대범한 씀씀이로 친구들의 인기를 독차지했다. 전쟁에서 포로가 되었다가 돌아온 프란치스코는 친구들에게 자신이 사랑에 빠졌다고 고백했다. 친구들이 궁금해서 어떤 여인이냐고 묻자, 그는 생뚱맞게도 '가난 부인'domina paupertas이라고 답했다. 가난이라는 이름의 여인과 사랑에 빠졌다는 것이 아니라 그냥 '가난' 그 자체를 사랑하게 되었다는 뜻이었다. 프란치스코는 질병을 앓던 중 복음서를 읽다가 그 책이 가르치는 '가난'의 중요성을 깊이 깨달았던 것이다. 그는 자신의 결심을 바로 실천에 옮기려 했다. 하지만 처음에는 한센병으로 온몸이 문드러진 환자를 봤을 때 징그러워 다가가지도 못했다. 그러다가 가장 고통받는 이 사람이야말로 그리스도일지 모른다는 생각이 들자 차츰 용기를 냈다. 프란치스코가 환자들을 정성껏 돌보자 많은 이가 감동했다.

하루는 프란치스코가 텅 빈 성 다미아노 성당Chiesa di San Damiano에서 기도를 하는데 어떤 음성이 들려왔다. "프란치스코, 내 집이 무너져 폐허가 되어가고 있는 것이 보이지 않느냐?" 그는 이 음성을 문자 그대로 받아들이고는 거의 폐허가 된 성당을 고치기 위해 부친의 값비싼 옷감을 내다 팔았다. 이를 안 그의 부친 피에트로는 크게 노해서 질책했지만 아들이 마음을 돌리지 않자, 주교 앞에서 아들에게 상속권을 주지 않겠다고 선언했다. 프란치스코는 대중 앞에서 자신이 가지고 있던 돈뿐만 아니라 입고 있던 옷마저 다 벗어 부친에게 돌려주었다. 이렇게 모든 것을 포기하고 가난을 실천하는 프란치스코의 설교는 큰 반향을 불러 일으켰고,

자발적인 가난을 통해 신앙의 실천을 강조한 성 프란치스코. 그는 부유한 집안에 태어났으나, 복음
서를 읽다가 '가난'의 중요성을 깨닫고는 평생 청빈한 삶과 평화의 사도로서 많은 그리스도인들의
귀감이 되었다. 그가 창설한 프란치스코 수도회는 도미니쿠스 수도회와 더불어 자발적 가난을 수
도회의 이상으로 삼아 가장 헐벗고 굶주린 자들을 돌보는 데 열정을 쏟았다.
엘 그레코(El Greco, 1541~1614)의 「성흔을 받는 성 프란치스코」(1570~72)

교황을 알현하고 있는 성 프란치스코. 프란치스코 수도회는 처음에 교황으로부터 수도회칙이 너무 이상적이고 엄격하다는 이유로 인준을 받지 못했으나, 1223년 교황 호노리우스 3세로부터 12개의 장으로 축약된 '작은 형제회' 수도회칙을 인준 받았다.

조토(Giotto, 1265?~1337)의「프란치스코 교단의 법령을 승인하는 교황」(1295년경)

이탈리아 각지에서 그를 따르려는 사람들이 몰려들었다.

프란치스코 탁발수도회의 탄생

추종자들이 급속히 늘어난 것은 프란치스코의 인품과 메시지 때문이었지만, 부와 권력을 추구하던 이들이 교회마저 장악한 것에 대한 반작용이라고도 볼 수 있다. 중세의 융성기로 접어들면서 부유한 귀족이나 상인들과 어울리던 성직자들도 사치를 부리기 시작했다. 일부 사제들은 가난과 이웃 사랑에 대해 설교했지만 정작 본인들은 귀족처럼 부유한 모습으로 살고 있었다. 교회가 소유한 부동산도 많아지고 귀족들이 교회의 고위직을 독차지했다. 귀족 출신의 주교들은 자신의 본분을 망각한 채 부를 축적하는 것에만 관심을 보였다. 심지어 청빈을 표방하던 수도원들도 거대한 영지를 가지고 수도원 학교를 운영하면서 부와 명성을 탐했다. 교회의 세속화가 심해지자 평신도를 중심으로 사치스러운 성직자들을 비판하는 복음화 운동이 일어났다. 특히 남프랑스를 중심으로 활동한 카타리파^{Katharer}(또는 알비파)와 발두스파^{Waldenser}는 부유해진 수도원과 호화롭게 살면서 설교 의무를 등한시하는 고위 성직자들을 맹렬히 비판했다. 이들은 '평신도 설교'와 '사도적 청빈'의 구호를 자신들의 목표로 삼고 교황이나 주교의 권위마저 무시하면서 즉각적인 개혁을 바랐다.

급진적인 개혁운동이 교황과 주교의 권위마저 무시하자, 교황은 이들을 개종시키려고 많은 설교사를 남프랑스로 파견했다. 그러나 사치스럽게 치장한 교황특사들의 설교로는 사람들의 마음을 움직일 수 없었다. 이런 상황 속에서 실제로 가난하게 생활하면서 복음을 선포하려는 '탁발수도회 운동'이 벌어졌다. 이런 현상을 안타깝게 여긴 도미니쿠스 Dominicus, 1170?~1221는 이들을 다시 교회의 품으로 받아들이기 위해서 실제적으로 가난한 생활을 하면서 참된 교리를 설교하기 위해 철저히 공부하는 도미니쿠스 수도회를 창설했다. 교황은 이들에게 '설교자들의 수도회'Ordo Preadicatorum라는 공식 직함을 부여하고 주교에게 제한되어 있던 설교의 권한까지 주었다. 프란치스코를 따르는 '작은 형제들'fratres minores은 동시대에 생겨난 도미니쿠스 수도회와 더불어 자발적인 가난을 수도회의 이상으로 삼았다. 프란치스코 수도회가 창설된 지 10년도 되지 않아 수도자가 수천 명으로 늘어났다. 이들은 창설자의 정신에 따라 가장 헐벗고 굶주린 자들을 돌보는 데 열정을 불살랐다.

1210년 프란치스코는 수도회로서 정식으로 인정받기 위해 교황 인노켄티우스 3세Innocentius III, 1160?~1216를 찾아갔다. 그러나 처음에 교황은 발두스파와 카타리파가 성직자들을 비난하던 것을 떠올리며 제출된 생활양식이 너무 이상적이고 엄격하다는 이유로 수도회칙의 인준을 매몰차게 거절했다. 그런데 그날 밤부터 교황은 교회가 막 무너져 내리는 악몽에 시달리기 시작했다. 꿈 중에 무너져 내리는 교회를 어깨로 떠받치고 있는 사람을 보니 자신이 내쳤던 프란치스코의 얼굴을 하고 있었다. 꿈에서 깬 교황은 놀란 마음을 다스리며 프란치스코가 제출한 수도회칙을 읽어보았다. 다른 자질구레한 내용 없이 오직 성서의 핵심적인 구절 위주로 정리되어 있었다. "네가 완전한 사람이 되려거든 가서 너의 재산을 팔아서 가난한 이들에게 주어라" "길을 떠날 때에는 아무것도 가져가지 마라" "누구든지 내 뒤를 따라오려면 자신을 버리고 제 십자가를 지고 나를 따라야 한다"와 같은 성서 구절로만 가득 찬 '생활양식'을 교황은

이탈리아 중부도시 아시시(Assisi)에 있는 성 프란치스코 대성당. 이 성당은 1228년 성 프란치스코가 시성(諡聖)된 직후부터 건설되기 시작했으며, 건물의 주춧돌은 교황 그레고리우스 9세가 놓았다. 지하성당에 그의 유해가 안치되어 있다.

구두로 인준해주었다. 1223년 교황 호노리우스 3세Honorius III, 1150~1227에게 인준을 받은 12개장으로 축약된 '작은 형제회'의 수도회칙에는 가난과 청빈, 정결, 십자가와 수난 등의 핵심 내용이 담긴 성경 구절이 잘 정리되어 있었다.

적들과 다른 생명체마저 감화시킨 평화의 사도 프란치스코

프란치스코는 설교를 통해 사랑과 평화를 외쳤다. 그의 설교는 그를 적대시하던 이들에게마저 감동을 불러일으켰다. 예를 들어 처음에는 '작은 형제회'의 회칙 인준마저 거절했던 교황들도 시간이 지나자 복음 정신에 투철한 프란치스코의 인품에 감화되어 오히려 설교를 청해 듣게 되었다.

평화를 선포하려는 프란치스코의 열정은 국경과 종교의 한계를 뛰어넘었다. 1219년 제5차 십자군 전쟁이 한창일 때 그는 몸소 이집트의 술탄을 찾아갔다. 술탄 앞에서 프란치스코는 다음과 같은 말로 설교를 시작했다. "저는 지극히 높으신 하느님께서 보내서 왔습니다. 각하와 각하의 백성에게 예수 그리스도의 평화를 전하러 왔습니다." 술탄은 그의 설교를 경청했고, 겸손과 용기를 갖춘 인품에 감동했다. 술탄은 그리스도교를 받아들이지는 않았지만, 프란치스코의 안전을 보장하고 떠나보내면서 "당신의 기도 중에 나를 잊지 마시오"라고 말했다.

이집트를 떠난 프란치스코는 1220년 성지 예루살렘을 순례하며 간절히 기도했다. 그의 평화에 대한 사랑에 감명을 받은 무슬림들은 예외적으로 '작은 형제회'가 예루살렘에 머무는 것을 허락했다. 프란치스코 수도회가 예루살렘 성묘교회 안에 거주하며 성지를 지켰던 전통은 현재까지 계속 이어지고 있다. 현재 성지에서는 예루살렘 성묘교회를 비롯하여 180개의 성소와 성당, 78개의 수도원과 58개의 본당, 그 밖에 많은 학교, 진료소, 숙소, 사회사업기관 등을 프란치스코회 수도자들이 보호·운영하고 있다.

심지어 프란치스코는 날아다니는 새나 짐승과도 교감했다는 유명한 일화가 전해진다. 그가 풍기는 평화로운 기운 때문에 동물들조차 자신을 해치지 않으리라 느껴 그를 따랐을 것이다. 프란치스코가 자연과 평화를 사랑하는 마음은 극도의 육체적 고통 속에서도 결코 사라지지 않았다. 그는 예수가 십자가형을 당하며 입은 다섯 상처를 비롯한 여러 질병으로 고통을 받았는데, 그를 가장 괴롭힌 질병은 안질이었다. 시력을 잃어가는 중에도 그는 창조주를 찬양하는 「태양의 노래」를 불렀다. "내 주여! 당신의 모든 피조물 그중에도, 언니 해님에게서 찬미를 받으사이다. …… 누나 달이며 별들의 찬미를 내 주여 받으소서. 빛 맑고 절묘하고 어여쁜 저들을 하늘에 마련하셨음이니이다."

이렇게 프란치스코는 천체 하나하나를 찬양하고, 그다음에는 공기와 물 혹은 불 등 지구를 이루는 것들을 찬양하는 아름다운 기도를 바치고 있다. 심지어 그는 노래의 마지막에서 죽음을 목전에 두고 육체의 죽음과도 화해하는 모습을 보여준다. "내 주여! 목숨 있는 어느 사람도 벗어나지 못하는 육체의 우리 죽음, 그 누나의 찬미 받으소서."

반면 오늘날 우리 사회는 어떠한가. 엄정하게 법을 집행하고 질서를 수호함으로써 국민들을 지켜야 할 수많은 정부 관료와 검찰, 경찰들은 자신의 본분을 망각한 채 권력과 부 앞에 비굴하게 고개를 숙였다. 이들

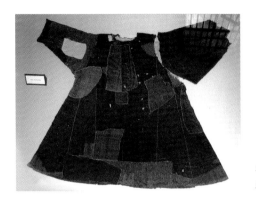

청빈했던 삶을 보여주는 성 프란
치스코의 수도복.

의 어두움에 가린 현실 속에서 프란치스코는 더욱 빛을 발하고 있다. 자
신이 얼마든지 정당하게 누릴 수 있던 부마저 포기하고 자발적인 가난
을 선택했기 때문이다. 'VIP'라는 단어만으로도 '알아서 기었던' 이들에
반해 프란치스코는 교황과 술탄 앞에서도 당당하게 평화에 대한 소신을
밝혀 눈길을 끈다.

프란치스코가 선포했던 평화는 불의를 보고 침묵하거나 타협하는 것
이 아니었다. 그는 「태양의 노래」 마지막에서 "죽을 죄 짓고 죽는 저들"
은 큰 화를 입을 것이라 외치며 불의를 준엄하게 꾸짖었다. 이와는 반대
로 정의와 평화를 지키다 죽음을 맞은 이들은 영원한 죽음을 피할 것이
라고 위로했다. 타락해가던 중세 교회를 구원하는 빛은 교황청이 아니라
허름한 수도원에서 새어나왔던 것이다.

돈으로 결코 살 수 없는 타인의 인격
중세 '인격' 개념의 발달

'땅콩회항' 사건, 백화점 주차장에서 안내원을 무릎 꿇린 사건, 모욕을 못 견딘 아파트 경비원의 자살 사건 등 이른바 '갑의 횡포'가 꼬리를 물고 있다. 이러한 내용들이 SNS 등을 통해 퍼져 나가면서 대중은 분노했다. 이런 사실이 방송을 통해 증폭되면서 "내가 무엇을 잘못했느냐"라고 외치던 '갑'들은 예상하지 못했던 곤욕을 치르고 있다. 이후 이른바 '을'들의 인터뷰 과정에서 이러한 일들은 우연히 주목을 받게 되었을 뿐 일상사로 일어나고 있음이 확인되었다. 일반적으로 이해하기 힘든 행동들이 이렇게 반복적으로 자행되는 것에는 '고객은 왕'이라는 빛바랜 구호도 한몫을 하고 있다. 만일 일반 고객이 왕이라면, 오너인 고객은 마치 황제처럼 군림하려고 하는 것이다.

그러나 조선 시대를 다룬 사극을 한 번이라도 본 사람에게는 왕이라도 자기 마음대로 할 수 없다는 것은 극히 자명한 상식이다. 그렇다면 근대 이전에도 용납되지 않았던 방자한 행동을 민주화된 현대 사회에서 이렇게 공공연하게 행할 수 있는 데에는 또 다른 이유가 있을 법하다. 심지어 '땅콩회항'의 당사자는 "내가 왜 사과해야 하는데?"라고 외치고 그녀의 동생은 숭고한 가족애를 발동하여 "반드시 복수해주겠다"라고 외쳤다고 한다. 비록 언론의 힘에 밀려 고개를 조아리기는 했지만, 마음속으로는 자신들이 의도하지 않은 지엽적인 행위가 '마녀사냥'의 대상이 되었다고 억울해하고 있는지도 모를 일이다. 그렇다면 그들은 왜 이렇게 생각하고 행동하게 되었을까? 이에 답하기 위해서는 인간 존엄성의 근거를 함축적으로 담고 있는 인격 개념을 살펴보는 것이 도움이 될 수 있다.

인격 개념의 역사

인격persona 개념은 근대 철학자 이마누엘 칸트Immanuel Kant, 1724~1804를 통해 보편적인 '인간의 존엄성'을 주장하는 근거로 자리 잡은 것으로 알려져 있다. 그가 제시한 정언명령定言命令의 제2형식은 "너는 너의 인격에 있어서도 또 다른 사람의 인격에 있어서도 인류를 언제나 동시에 목적으로서 사용하지, 절대로 단순한 수단으로서 사용하지 않도록 행위하라"라는 것이다. 이러한 명령은 돈이나 권력이 있는 이들도 결코 예외가 될 수 없으며, 특정한 조건 아래서가 아니라 인간이라면 모름지기 지켜야만 하는 것이다.

그런데 인간이 지닌 보편적인 이성과 초월성 자체에만 근거를 두는 칸트보다 더욱 깊이 있는 인격에 대한 성찰이 중세 철학의 전통 안에서 발전되었다는 사실은 잘 알려져 있지 않다. 인격 개념의 정의 가운데 가장

근대적 '인격' 개념의 주창자 이마누엘 칸트. 그는 유명한 정언명령의 제2형식에서 인류를 언제나 동시에 목적으로 사용하지, 절대로 단순한 수단으로 사용하지 말라고 했다.

큰 영향력을 끼친 것은 보에티우스의 정의이다. 그는 『그리스도의 한 위격과 두 본성론』 제3장에서 "인격은 이성적 본성을 지닌 개별적 실체이다"Persona est rationalis naturae individua substanta라고 정의했다. 보에티우스는 우선 동물들과 구분되는 인간의 이성적 본성을 강조한다. 그렇지만 인격을 보편적인 본성과 동일시하지 않고 오히려 '개별적 실체'라는 개념을 부각함으로써 개체들의 고유한 지위를 인정하고 있다. 이런 정의는 플라톤처럼 인간을 단순히 영혼과 동일시하거나 유물론자들처럼 개체들이 지닌 물질적인 측면만 강조하는 두 극단을 모두 극복하고 포괄적으로 인간을 이해할 수 있는 계기를 마련했다.

스콜라 철학이 시작되면서 보에티우스의 인격 정의에 대한 다양한 비판이 제기되었다. 특히 이 정의로는 '관계성'이 충분히 표현되지 못하고

'삼위일체론'에 적용될 경우 '삼신론'三神論으로 오인될 수 있다는 점이 주요 쟁점이었다. 그러나 토마스 아퀴나스는 보에티우스의 정의를 다른 것으로 대체할 필요 없이 해석을 통해서 충분히 활용 가능하다고 생각했다. 토마스 아퀴나스Thomas Aquinas, 1224/5~74는 그 정의뿐만 아니라 이를 비판하던 학자들의 견해까지 종합하여 '이성적' '본성' '개별적' '실체'라는 각각의 요소들이 담고 있는 뜻을 더 분명하게 드러냈고, 이 과정을 통해 얼핏 모순되어 합체될 수 없어 보이던 입장을 서로 연결할 수 있었다. 토마스 아퀴나스가 이러한 성과에 도달할 수 있었던 것은 단순히 그의 철학적 천재성뿐만 아니라 신학적인 통찰의 효과가 작용한 것으로 보인다. 이러한 효과는 보에티우스의 작업 방식과 비교를 통해 더 분명하게 드러날 수 있다.

보에티우스는 자신이 직접 밝히고 있듯이 자신의 철학적인 개념에 대한 지식을 신학에 적용함으로써 불필요한 오류를 막아내고자 했다. 그는 신학적인 측면에서 그릇된 점이 있다면 얼마든지 수정할 용의가 있다는 개방성을 드러냈지만, 그의 설명을 더욱 풍성하게 해줄 대화 상대자를 직접 만나는 행운은 누리지 못했다. 즉 그의 작업은 철학적 용어를 신학에 일방적으로 수용하는 과정이다. 이와는 대조적으로 토마스 아퀴나스는 처음에는 일상적인 언어나 철학적 개념들을 도구로 사용하지만, 그것으로 끝나는 것이 아니라 신학적인 관심과 통찰로부터 철학적 개념의 근본적인 변화 내지 발전을 이끌어냈다. 즉 토마스 아퀴나스는 보에티우스와 같이 그리스도론이나 삼위일체론의 문제를 해결하기 위해 당대에 통용되던 일상적인 언어나 철학으로부터 취한 개념들을 사용한다. 그러나 이것이 신학적인 문제에 부딪혀 도구로 사용되기에 충분하지 못한 경우에는 철학이 인정하는 이성적인 설명과 충돌을 일으키지 않는 범위

안에서 그 개념을 변형하거나 확장하는 작업을 한다. 인격 개념의 경우 이런 작업의 결과는 보에티우스가 특별히 강조하지 않았던 다양한 특성을 강조하는 것으로 나타났다. 이렇게 확장된 인격 개념은 신학적인 영감으로부터 나온 것이지만, 토마스 아퀴나스의 설명은 대부분 철학적인 설명에 기반을 둔 이성적인 형태를 지니고 있기 때문에 신학적인 논의 맥락을 떠난다고 하더라도 충분히 활용될 수 있다.

토마스 아퀴나스의 풍부한 인격 개념

토마스 아퀴나스는 인격에 대한 설명을 통해 '이성적 본성'과 이에 따른 '자기의식의 중요성'을 강조했다. 이를 토대로 윤리적 행위 결정의 '자율성'과 '책임성'의 근거를 마련했다. 또한 '개별성'과 '자립성'에 바탕을 두고 '교환 불가능성'을 강조함으로써 한 개인이 지닌 유일회성과 대체 불가능성을 주목하게 만들었다. 더 나아가 파편적으로 흩어져 있는 개인뿐만 아니라 삼위일체 신학으로 받은 영감을 바탕으로 인격 개념의 핵심을 이루던 '관계성'과 신과의 유비적 연결에 기반을 둔 '자기초월성'을 새롭게 부각했다. 결국 이 모든 특성을 포괄하는 '완결된 전체'가 지닌 근본적인 '존엄성'을 정초한 것이다. 물론 토마스 아퀴나스의 이러한 종합도 인격이 지닌 신비적인 성격을 완전히 드러낼 수는 없다. 그러나 근대와 현대의 많은 인격론 안에서 이렇게 다양한 요소들이 ─ 서로 병렬되어 있거나 배제하는 것이 아니라 ─ 긴밀하게 연결되어 하나의 체계를 이루는 경우는 매우 드물다. 따라서 토마스 아퀴나스의 인격 개념은 서로 아무런 연관성 없이 병렬되어 있음으로 인해 제대로 기능을 발휘하지 못했던 현대의 인격 개념들을 성찰할 수 있는 계기를 제공한다. 즉 '존재론적 인격 이론'이 강조하는 인간의 자립성, '심리학적 인격 이론'이 집중했던 인간의 자기의식과 책임성, '대화론적 인격주의'가 언급했던 인격 상호 간의 통교 등은 서로 연결될 때 그 본래적인 가치가 드러난다. 이미 보에티우스에 의해 제안되고 토마스 아퀴나스에 의해 완성된 전통적인 인격 개념 안에 이러한 다양한 요소들이 하나의 체계를 이루며 연결될 수 있는 가능성이 함축되어 있다. 토마스 아퀴나스의 인격 이론이 이러한 상호 연관성을 발견할 수 있는 가능성을 열어주는 하나의 예로만 작용해도 서로의 차이점을 극복하지 못해 침체되었던 다양한 이론 사이의 활발한 토론을 이끌어낼 것이다. 지속적인 토론을 통해 많은 학자들이 공감할 수 있는 풍부한 인격 개념이 정립될 경우 이것은 단순히 이론적인 차원이 아니라 구체적으로 여러 분야에서 활용될 수 있다. 일반적으로 국가 및 종교를 비롯한 모든 형태의 전체주의에 의한 개인의 존엄성이 위협받는 모든 곳에서 이런 개념은 인간의 존엄성을 수호하는 지침이 될 것이다.

인격 개념에 대한 성찰을 바탕으로 '갑의 횡포'의 숨겨진 이유를 찾아보자. 아마도 횡포를 부리는 '갑'들은 자신이 주는 봉급 또는 상품에 지불한 비용 등의 돈을 가지고 이러한 사업에 종사하고 있는 분들의 서비스뿐만 아니라 '인격'마저도 구매한 것처럼 착각하고 있는 듯하다. 물론 현대 사회의 광고들도 돈만 지불하면 모든 것을 살 수 있는 것 같은 환상을 부추기고 있다. 더욱이 이른바 수요와 공급의 원칙이 깨진 곳에서는 그 횡포가 더욱 커진다. 대한민국의 청춘들이 자조감에서 만든 '열정페이'라는 신조어에서 드러나듯이 정당한 비용을 지불하지 않고도 다른 이의 노동을 착취할 수 있기 때문이다. 우리는 홀로 모든 것을 해결할 수 없는 사회에서 살고 있기 때문에 자신의 돈을 가지고 다른 이들이 제공하는 상품과 서비스 등을 구매할 수 있다. 그렇지만 마음에 드는 여성 앞에서 "얼마면 되는데?"라고 외칠 수 있는 부를 지닌 갑부도 결코 살 수 없는 것이 있다. 그것은 바로 자신을 위해 봉사하고 있는 '타인의 인격'이다. "내가 이렇게 많은 돈을 썼는데 왜 이런 대우를 받아야 하느냐"라고 하소연하기 이전에 돈으로 살 수 없는 것이 있다는 사실을 자각해야한다. 이것이 바로 어떠한 경우에라도 자신이 고용한 노동자 또는 서비스업 종사들에게 인격적인 모독을 가해서는 안 되는 이유이다. 최근 한 카페에서 직원의 이름을 부르며 친절하게 주문하면 커피 값을 할인해주는 이벤트가 시작되었다. 이러한 작은 변화가 사회 전반에 퍼져 나가 자신을 돕는 이들의 '인격'을 발견하는 계기가 되기를 기대해본다.

자기 자신의 올바른 양심을 형성할 책임
토마스 아퀴나스의 『신학대전』

　"인간은 자기 자신의 양심을 올바르게 형성해야 할 책임을 진다." 스콜라 철학의 완성자라 불리는 토마스 아퀴나스는 단순히 "양심을 따르라"고 가르친 것이 아니라 한 걸음 더 나아가 이를 형성할 책임도 요구했다. 이 가르침의 중요성은 현재 우리나라 상황에서 더욱 분명해진다. 국가 전체를 혼란에 빠뜨리고서도 자신이 무엇을 잘못했는지를 모르는 대통령과 무조건적으로 이를 감싸는 맹목적인 추종자들이 건재하기 때문이다. 이 상황을 바라보면서 과연 이들이 '양심'을 지니고 있는지조차 의심스러워진다. 양심의 가책을 전혀 느끼지 못하는 이들에게서는 당연히 부끄러움의 흔적도 발견할 수 없다. 토마스 아퀴나스는 이와 유사한 이들을 '이완된 양심'conscientia laxa을 지니고 있다고 비판했다. 이와 대조적으로 사실 부끄러워할 필요가 없는 상황에서도 지나치게 양심의 가책을 느끼거나 불가항력의 상황에 대해서까지 자책하는 이들은 '완고한 양심'conscientia stricta을 지닌 것이다. 토마스 아퀴나스는 이완된 양심과 완고한 양심이라는 극단적인 경우들을 피해 중용의 길을 찾아 '올바른 양심'conscientia recta을 형성하는 것이 윤리적인 의무라고 강조했다. 이렇게 현대 사회에서도 필요한 구체적인 윤리적 통찰로 가득 찬 책이 바로 토마스 아퀴나스의 주저인『신학대전』Summa Theologiae이다. 이 책은 왜 "서구 지성사의 금자탑"이란 평가를 받게 되었을까?

『신학대전』의 특징과 형식

『신학대전』은 우선 그 분량 자체에서 일반인의 상상을 초월한다. 이 책은 영어 번역본의 경우 전체 60권에 달한다. 주제를 다루는 형식도 독특한데, 일반적으로『신학대전』이라는 제목에서 떠올리는 것처럼 성경과 이에 대한 설명이 주를 이루는 것이 아니다. 오히려 이 책은 당대에 유행했던 아리스토텔레스 철학의 개념과 논증방식으로 가득 차 있다. 따라서 그리스도교 신앙이 없이 이성만을 지닌 채『신학대전』을 읽더라도 상당 부분을 공감하며 따라갈 수 있다. 물론 일정한 논의가 진행된 후부터 토마스는 종종 아리스토텔레스가 제시했던 철학적인 차원을 넘어선다. 이를 기초로 그리스도교 교리가 가르치는 핵심적인 내용을 설명하기 때문이다. 그러나 이 두 가지 차원은 서로 배척하거나 상충되는 것이 아니라 조화를 이루는 방식으로 긴밀하게 연결되어 있다. 토마스가 이런 방식으로 저술할 수 있었던 것은 "은총은 자연을 파괴하는 것이 아니라 완성한다"Gration non tollit naturam, sed perficit라는 확신을 가지고 있었기 때문이다.

중세 스콜라 철학을 집대성한 토마스 아퀴나스. 그의 대작 『신학대전』은 '서양 지성사의 금자탑'이 란 평가를 받고 있으며, 현대 사회에서도 필요한 구체적인 윤리적 통찰로 가득 차 있다.

『신학대전』의 내용 가운데에서는 '다섯 가지 길'Quinque viae이라는 신 존재 증명이 가장 유명한 편이다. 그러나 "신은 존재하는가?"라는 질문은 토마스가 『신학대전』에서 다룬 4,000개가 넘는 질문 중의 하나에 불과하다. 각각의 질문은 다음과 같은 일정한 순서와 틀에 따라 논의된다. 1) 논박될 이론들objectiones에서는 본문에서 논박될 이론을 지지하는 논거들이 소개된다. 2) 이에 대한 짧은 반론sed contra에서는 논박될 이론에 반대되는 논거나 권위 있는 명제들이 소개된다. 3) 절의 본문corpus articul(나는 이렇게 대답해야만 한다)에서는 교수 자신의 입장을 설명하는 논거가 소개된다. 4) 논박될 이론들에 대한 해답에서는 처음에 제시되었던 이론들을 하나하나 답변한다. 여기서 찬성과 반대의 나열에 해당하는 1)과 2)는 주로 역사적이고 권위에 의거하고 있지만, 교수의 결정문과 해답에 해당하는 3)과 4)는 거의 전적으로 합리적인 철학적 논술로 이루어졌다. 이러한 형식은 중세 대학에서 유행했던 정규 토론disputatio ordinaria에서 얻은 성과를 토마스 아퀴나스가 의도적으로 축약한 것이다. 머리말에 따르면, 『신학대전』은 인문학부를 마치고 신학부로 올라오는 초심자를 위해 저술되었다. 토마스는 초심자들이 어려움을 겪는 것은 이제까지의 다른 저작들이 한편으로 "문제들, 절들, 논거들을 쓸데없이 증폭하기 때문"이고, 다른 한편으로는 "그들이 배워야 할 내용들이 '적절한 교육 순서'에 따라 제시되지 않고, 책 저술에 요구되는 순서나 '토론'의 기회에 따라 제시되기 때문"이라고 밝힌다. 또한 "같은 것들이 여러 번 반복됨으로써 학생들의 정신 속에 지겨움과 혼란을 야기하기 때문"에 중복을 최소화하고 가장 강력한 논변들만을 골라 지금의 형태로 압축했다. 그럼에도 신학 초심자들이 60권에 달하는 분량을 보았을 때 어떤 표정을 지었을지 자못 궁금해진다.

다루는 주제가 워낙 방대하기 때문에 『신학대전』 전체는 3부로 나누어져 있다. 그 구조는 일반적으로 발원發源, exitus과 귀환歸還, reditus의 도식으로 파악될 수 있다. 이 도식은 하나의 역사를 세 가지 관점에서 본다는 것이다. 즉 제1부는 신을 원천으로 창조되는 만물의 발원과정이고, 제2부는 신을 목적으로 되돌아가는 귀환과정이다. 그는 제1부와 제2부의 관계를 이렇게 설명한다.

> "거룩한 가르침의 주된 의도는 신에 대한 인식을 다루는 것이기 때문에, 그것도 신 그 자체에 대해서뿐만 아니라 사물 가운데서도 특히 이성적 피조물의 원천이며 (그것이 지향하는) 목적인 신에 대해서 다루기 때문에, 우리는 첫째로 신에 대해서 고찰하고, 두 번째로 신을 향한 피조물의 운동에 대해서 고찰할 것이다."(STh II, 서문)

제3부는 신으로의 귀환을 위한 그리스도교적 모범으로 간주된 그리스도가 보여준 구체적인 '길'로서 그리스도론과 성사론 등 신학적인 주제를 다룬다.

토마스 아퀴나스는 『신학대전』에서 개별적인 주제에 대해 고대 철학부터 13세기까지 논의된 거의 모든 견해들을 매우 효율적으로 요약하고 엄격하게 평가한다. 그 개별적인 논의들이 놀라울 정도로 유기적인 체계로 연결되어 있다. 『신학대전』에서 이루어진 체계적인 종합은 거대한 고딕 건축에 비교되며 읽는 이를 감탄하게 만든다. 특히 제2부는 그리스도교 신앙을 가지지 않은 이들도 많은 영감과 통찰을 얻을 수 있는 윤리학과 관련된 주제들로 가득 차 있다. 이전의 교부들은 주로 성경 인용에 의존하고 보조적으로만 철학을 활용했다. 그러나 토마스는 아리스토텔레스 강의 금지령 이후 활동했기 때문에 논의의 출발점으로 『니코마코스 윤리학』이나 다른 철학 서적들에서 언급되었던 다양한 명제들을 자유롭게 사용하고 있다.

토마스 아퀴나스가 제시한 통합적인 윤리학

아름다운 고딕 성당을 감상하는 마음으로 토마스 아퀴나스의 윤리학에 구체적으로 다가가 보자. 토마스는 자신의 윤리학을 시작하며 인간의 최종 목적은 '행복'이라는 전통적인 통찰에서 시작한다. 개별적인 선은 의지를 일시적으로 만족시켜 줄 수는 있지만, 의지의 진정한 만족을 통해 이루어지는 행복은 '보편적인 선'을 통해 이루어질 수 있다. 그렇다면 그 '보편적인 선'이란 구체적으로 무엇인가? 여기서 토마스 아퀴나스는 아리스토텔레스를 비롯한 선배학자들의 도움으로 인간에게 행복을 주는 최종 목적이 될 수 있는 후보들, 즉 재물, 감각적인 쾌락, 권력, 철학적 사변 등을 하나씩 검토한다. 토마스의 경우에는 완전한 행복, 즉 궁극적 목적은 어떠한 피조물에서도 발견되지 않는다. 진정한 행복은 단지 우주의 근거이며, 스스로가 최고의 무한한 선인 신의 본질을 직관함visio beatifica, 至福直觀으로써만 이루어지는 것이다. 인식과 사랑에 의해 이 궁극적인 선에 이를 수 있는 것은 오직 이성적인 피조물뿐이다.

아리스토텔레스는 이 세상에서의 인간적 행위에 대한 윤리학을 전개해 나간 반면, 토마스 아퀴나스는 내세에서만 얻어질 수 있는 신의 본질을 직관하는 참된 행복을 염두에 둔 윤리학을 전개해 나갔다. 비록 신 이외의 선은 행복에 있어서 필연적인 것이 아닐지라도 진정한 행복에 도

'승리하는 교회'의 중심에 앉아 있는 토마스 아퀴나스. 고대 철학자 아리스토텔레스는 속세에서의 인간적 행위에 대한 윤리학을 전개한 반면, 토마스 아퀴나스는 내세에서만 얻어질 수 있는 신의 본질을 직관하는 참된 행복을 염두에 둔 윤리학을 전개해 나갔다.

달하기 위한 수단으로 작용할 수 있다. 토마스가 아리스토텔레스의 용어를 많이 사용하고 있을지라도 윤리학에 내세와 신의 직관을 도입한 것은 아리스토텔레스 사상과 관련이 없다.

행복에 도달하기 위해서는 어떤 행위들을 통해서 추구해나가야 하므로 어떤 행위를 통해서 진정한 행복에 이를 수 있는지 인간 행위들을 살펴볼 필요가 있다. 토마스 아퀴나스는 먼저 반사적인 행동과 같은 '인간의 행위'actio hominis와 이성적인 자유를 지닌 인간에게서 생겨나는 행위, 즉 '인간적 행위'actio humana를 구분하고 후자만이 도덕적 영역에 속하는 행위라는 것을 강조한다. 이러한 인간적인 행위는 인간의 의지에서 생겨나며, 그리고 이 의지의 대상은 선이다.

토마스 아퀴나스는 윤리학에서 종종 가장 중요한 원리가 무엇인지에 따라 구분되는 주지주의와 주의주의 양측의 입장을 모두 수용하고 있다. 그는 주관적 기준으로서 '의도'intentio가 올바를 때에만 윤리적 행위가 될 수 있다는 점을 강조한다. 의도란 경향에 불과한 것이 아니라 지성으로 동의한 의지를 말한다. 그러나 올바른 의도는 윤리적 행위의 필요조건이지 충분조건은 아니다. 비록 선한 결과를 낳는다 하더라도 다른 목적에 이용하기 위해 베푸는 행위는 결코 선한 행위일 수 없다. 그런데 그는 악한 의지를 지녔다면 악한 행위가 되지만, 의지가 선하려면 선한 의도만으로는 안 되고 이성이 제시한 선한 대상을 바르게 원해야 한다고 말한다.

따라서 윤리적 행위를 위해서는 주관적인 기준인 의도의 선함만이 아니라 선한 대상을 식별하는 객관적 기준이 필요하다. 토마스 아퀴나스는 우선 사변적 학문의 영역에 이성의 제일원리인 모순율이 있는 것처럼 도덕의 영역에 "선을 행하고, 악은 피하라"는 윤리의 제일원리가 있다고 주장한다. 극히 단순해 보이는 이 원리에서 제시된 객관적인 선이 무엇인지를 토마스 아퀴나스는 '자연법'lex naturalis 사상에서 찾는다. 이미 플라톤, 아리스토텔레스, 스토아학파에서는 유사한 개념이 발견되며, 특히 아우구스티누스는 자연적인 윤리 법칙이라는 사상과 용어를 사용했다. 토마스 아퀴나스에 따르면, 행위자의 의도가 모든 인간이 동의할 수 있는 이성의 명령인 '자연법'에 부합할 때에만 윤리적 행위가 될 수 있다. 또한 자연법은 신의 지성을 뜻하는 '영원법'에 기초하고 있다. 아리스토텔레스의 신은 목적인이기는 했지만 제1작용인도 아니고 모방하기 위한 최고의 틀이 되는 것도 아니었다. 그러나 토마스 아퀴나스처럼 신이 세계를 창조하고 자신의 섭리에 따라 이 세계를 지배하고 있다고 믿는다면, 신의 예지는 인간의 행위를 선한 목적으로 향하도록 이끌고 있다고 생각할 수 있다. 그는 이렇게 신 안에 있는 예지가 영원법을 구성하며, 이것이 자연법의 원천이라고 주장했다.

이와 유비적으로 인간들이 제정한 '인정법'人定法은 자연법에 기초하고 있어야 한다. 따라서 만일 통치자가 자연법에 어긋나는 법을 제정하여 국민을 억압하려 한다면, "그런 악법은 법도 아니기" 때문에 국민들은 정당한 저항권을 지닌다. 제2차 세계대전 이후 뉘른베르크 재판에서 전범들이 나치 시대에 만들어진 독일 실정법을 준수했다고 주장함으로써 처벌을 피하려 했다. 그러나 전범들이 죄 없는 사람들을 무자비하게 죽인 것은 자연법에 어긋나기 때문에 결코 정당화될 수 없다는 반론이 제기되어 이들을 처벌할 수 있었다.

그렇다면 과연 주관적 의도와 객관적 기준인 자연법이 상응하는지를 어떻게 판가름할 수 있는가? 이를 판가름하는 법정이 곧 '양심'인 셈이다. 각 개인은 자신 안에 도덕률의 최고 원리가 되는 영혼의 불꽃(또는

Synderesis)을 지니고 있다. 이러한 일반적인 도덕의 원리가 구체적인 경우들에 적용될 때 양심이 작용하게 된다. 이렇게 양심을 통해 개인의 의지가 객관적인 자연법과 조화를 이룰 때 인간은 윤리적으로 선한 행위를 할 수 있다. 오히려 아주 작은 사안까지 자신의 의도가 선한지, 자연법과는 부합하는지, 양심의 거리낌이 없는지 등을 판단하며 결정하려다가는 정상적인 사회생활을 하지 못하고 노이로제 증상을 보일지도 모른다. 그런데 사람들은 언제나 이 모든 기준을 일일이 검토하면서 행동할 수가 없다. 따라서 토마스 아퀴나스는 전통적인 가르침에 따라 언제든지 필요한 상황이 되면 올바르게 행동할 수 있는 습관, 즉 '덕'virtus의 중요성을 강조했다. 그는 아리스토텔레스의 전통에 따라 인간의 덕은 인간 고유의 능력, 즉 이성적 능력을 완전하게 만드는 작용적 습성이라고 규정하고, 지성적 덕과 윤리적 덕으로 구분한다. 덕 있는 습성은 선량한 행위들로써 형성되고 같은 목적을 위한 계속적인 행위의 수행을 용이하게 한다. 그는 다양한 윤리적 덕을 언급한 후에 이 윤리적 덕은 플라톤이 제시한 4추덕四樞德으로 집약될 수 있다고 설명한다. 즉 이성의 규범인 지혜, 의지의 규범인 정의, 탐욕적 욕구의 규범인 절제, 분노의 규범인 용기가 그것이다. 이에 덧붙여 아리스토텔레스가 과도와 부족의 극단을 피하기 위해 제시한 중용의 중요성도 받아들여진다. 그러나 아리스토텔레스의 중용론에 따르다 보면 그리스도교의 초본성적인 덕, 이를테면 정욕을 외면하는 순결, 물욕을 거스르는 청빈, 명예욕을 무시하는 순종과 같은 덕을 변호하기가 힘들 것 같아 보인다. 그래서 토마스 아퀴나스는 성경에서 강조하고 있는 믿음, 소망, 사랑이라는 신학적인 덕을 논의에 첨가하고 하나하나 매우 상세하게 설명했다. 더욱이 이들과 반대되는 나쁜 습관, 즉 '악덕'도 자세히 다루며 이를 극복할 수 있는 실천적인 방안까지도 제시했다. 이 모든 조건을 충족했다고 하더라도 만일 어떤 행위가 진정으로 윤리적이려면, '구체적인 상황'에 적절하게 어울려야 한다. 따라서 인간을 성숙시켜주는 윤리적 행위란 단순한 일반 법칙의 적용이 아니라 각 개인의 구체적인 상황을 객관적인 선의 기준에 따라 이성적으로 판단하고 의지를 고려해서 자신의 양심 안에서 신중하게 결정함으로써 이루어진다. 이런 윤리적인 판단이 지속적으로 올바르게 내려질 때 개인은 덕이 있는 인간, 도덕적인 인간으로 성숙해갈 것이다.

더 나아가 토마스 아퀴나스는 실제로 윤리적 판단이 어려운 상황에서는 이 다양한 조건들을 모두 충족하는 것이 불가능한 경우가 많다는 사실도 알고 있었다. 그래서 그는 만일 그럴 경우에는 "가장 작은 악을 선택하는 것"도 윤리적인 행위라고 위로했다.

통합적인 토마스 아퀴나스의 윤리학은 우리나라에서 현재 논란이 되는 상황에 대한 윤리적 성찰을 불러일으킨다. 예를 들어 대통령이 "아무런 사익을 추구하지 않았다"라며 순수한 의도를 강조한다고 해도 자신의 행위들에 대한 윤리적 책임을 면할 수 있을까? 그 행위가 국정농단과 무수한 비리를 낳았다면, 과연 자연법과 올바른 양심에 부합한 행위인지 진지하게 반성해야 한다. 또한 일반인이 7시간 동안 휴식을 취하거나 '미용시술'을 받았다고 도덕적 질책을 받을 이유는 전혀 없다. 그러나 300명이 넘는 국민들을 구해야 할 절체절명의 '상황'에서 이를 진두지휘해야 할 대통령이 이와 유사한 행위를 하고 있었다면 이는 과연 용납될 수 있을까? 대통령이 무능과 아집으로 저지른 다른 행위들도 지혜, 정의, 믿음, 사랑 등의 덕과 연관지어서 그 도덕성을 비판적으로 성찰해보아야 한다.

윤리학이라는 한 영역의 가르침만 개괄해 보아도 우리는 고대 철학과 교부철학의 수많은 지류들이 몰려들어 『신학대전』이라는 하나의 커다란 저수지를 이루고 있음을 발견할 수 있다. 이 작품은 시종일관 '신앙과 이성의 조화'라는 목표를 추구했다. 『신학대전』이 도달했던 높은 수준의 지성적 논의는 중세가 단순히 신앙만을 강요했던 암흑의 시대가 아니었음을 웅변적으로 보여주고 있다. 아직도 현대의 많은 학자들이 다양한 문제를 해결하기 위해 이 풍부한 수원으로부터 신선한 영감을 공급받고 있다.

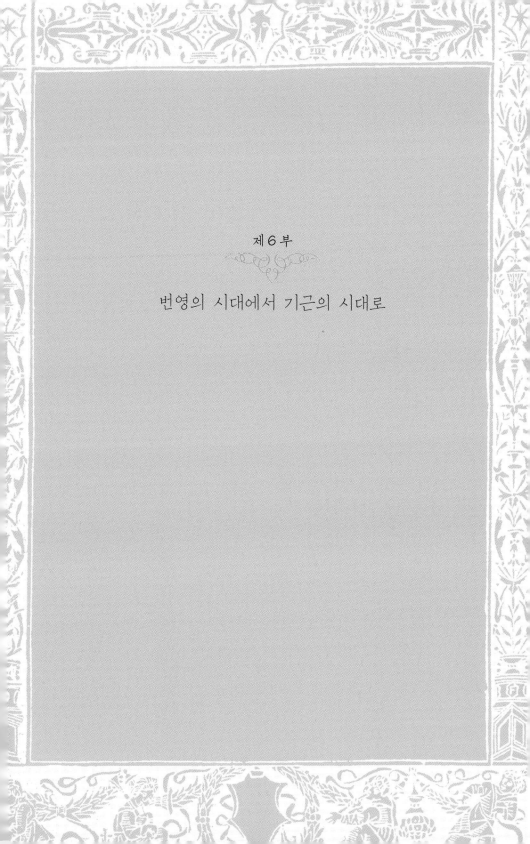

제6부

번영의 시대에서 기근의 시대로

ch 21

'영혼의 가난함' 설파한 신비주의 스승
마이스터 에크하르트

한 사회가 위기에 처했을 때 사람들은 종종 종교 체험에 의지해서 위안을 받고자 한다. 서양 중세에서도 14세기가 시작하면서 교황과 황제 간의 알력이 심화되어 정치·사회적으로 불안해지고 지진·해일·페스트 등이 만연하자, 사람들은 마치 지구에 종말이라도 온 것처럼 받아들였다. 위기 속에서 삶의 무상함을 경험했던 많은 이에게 추상적인 생각은 점차로 힘을 잃었고 새로운 종교 체험이 절실해졌다. 쓸쓸한 가을로 접어든 중세에 독일을 비롯한 유럽에서는 신비주의가 널리 퍼져나갔다. 특히 독일 도미니쿠스 수도회 사제였던 마이스터 에크하르트Meister Eckhart, 1260?~1327는 신비주의를 정립한 스승으로 존경받았다. 그의 신비주의는 결코 마술이나 주술, 탈혼 상태에 빠진 종교 체험, 사고思考의 포기 등을 뜻하지 않는다. 그에게 신비주의란 심오한 이성적 통찰을 바탕으로 모든 실재를 신적인 관점에서 조명하고, 특히 신神 자신이 인간의 영혼에 드러나도록 끊임없이 사고하는 것을 의미했다. 오늘날 가장 주목받고 있는 신비사상가 가운데 한 사람인 마이스터 에크하르트는 도대체 누구이며 어떤 가르침을 베풀었던 것인가?

신비주의를 계승한 '삶의 스승' 에크하르트

에크하르트는 독일 에르푸르트Erfurt 부근의 호흐하임Hochheim에서 출생했다. 그는 도미니쿠스 수도회 회원으로서 파리와 쾰른에서 철학과 신학을 공부했다. 1293년 파리 대학 신학부장으로 취임했지만, 그의 첫 교수직은 오래 지속되지 못했다. 에르푸르트의 원장을 역임하는 등 도미니쿠스 수도회 내에서 지도적인 역할을 맡아야 했기 때문이다. 그는 수도회 내의 여러 요직을 거치면서, 특히 스트라스부르Straßburg에 있을 당시 그곳에서 꽃을 피우고 있던 중세 독일의 신비주의를 더욱 발전시켰다. 그 후에 파리와 쾰른에서 강의하는 등 전 생애에 걸쳐 영적인 스승과 학문적인 스승으로 활동했다.

그의 저서를 살펴보면, 에크하르트가 뛰어난 반성 능력과 추상 능력을 지녔고, 중세의 전통적인 형이상학에 통달했음을 알 수 있다. 전통 철학의 범주와 용어를 사용해서 신비 체험의 내용을 나타내면서도 그는 다른 스콜라 학자보다 더욱 생동감 있고 개성 있게 저술했다. 이 과정에서 그는 전통 철학뿐만 아니라 전대의 거의 모든 위대한 신비가들의 영향을 받았다. 에크하르트는 학문적인 박식함에도 불구하고 방대한 이론체계를 세우려고 노력하는 대신 삶을 통찰할 수 있는 작은 단상들을 제시하려 했다. 그는 '학문의 스승'이 아니라 '삶의 스승'이기를 원했던 것이

심오한 이성적 통찰을 바탕으로 한 신비주의를 정초한 마이스터 에크하르트. 그의 신비주의는 결코 마술이나 주술, 탈혼 상태에 빠진 종교 체험, 사고(思考)의 포기 등을 뜻하지 않는다. 그에게서 신비주의란 신 자신이 인간의 영혼에 드러나도록 끊임없이 사고하는 것을 의미한다.

다. 이론적인 교육과 실제 생활을 연결하려던 그의 노력은 방대한 저서, 특히 강론집에서 잘 드러난다. 그의 강론의 초점은 단순한 현세 탈피가 아니라 인간의 삶과 세계의 근원이 무엇인가를 묻는 것이었다. 에크하르트는 독특한 언어와 비유로 대담한 생각과 이념을 표현했다. 일상적인 틀에서 사고하며 종교적 타성에 젖어 있던 이들은 그의 강론을 듣고 오히려 혼란에 빠졌다.

자기 부정을 통한 신과의 합일

에크하르트가 강의와 강론을 통해 도달하려던 최종적인 목표는 '신과

독일 에르푸르트 설교자 교회에 있는 마이스터 에크하르트 문. 에크하르트 사상의 최종 목표는 '신과의 합일'인데, 그러기 위해 요구되는 중요한 덕목은 바로 '영혼의 가난함'과 '공손함'이었다.

의 합일'이었다. 그는 뛰어난 스승답게 목표를 확정했을 뿐만 아니라 이에 도달하기 위한 구체적인 방법까지 제시했다.

첫 번째 단계는 "피조물은 자신이 지니고 있는 신적인 것에서 분리되면 전적으로 무無에 불과하다"라는 점을 이해하는 것이다. 피조물만 사랑하고 그 안에서 쾌락을 찾을 때 남는 것은 오직 슬픔과 비통함뿐이다. 우리를 신에게 바로 인도할 수 있는 유일한 피조물은 모든 피조물 가운데 가장 고상한 영혼 자체이다. 따라서 우리는 영혼의 탐구에 집중해야 한다.

이를 통해 바로 두 번째 단계, 즉 신에 대한 사랑으로 스스로를 부정함으로써 자기 자신을 인정하는 단계에 도달할 수 있다. 인간은 모든 피조물에 대한 욕심에서 벗어나 자기의 순수한 본질에 도달함으로써 완전한 자유에 이르게 된다. 에크하르트는 신에게로 돌아가기 위한 최고의 덕목을 '영혼의 가난함'과 '공손함'이라고 보았다. 인간은 일상생활에서 이기심과 지배욕에 가득 차 있기 때문에 자기 자신을 비우기 위해서는 '없음'無을 원해야 한다. 모든 피조물의 근원인 신을 인식하기 위해서는 "눈이 색깔에 대하여 순수하므로 모든 빛깔을 볼 수 있듯이" 영혼이 비어 있지 않으면 안 된다. "그대가 만일 단 한순간만이라도 그대 자신을 온전히 놓아줄 수만 있다면, 그대는 모든 것을 다 얻을 수 있을 것이다." 이렇게 자신을 비운 사람은 모든 제한과 속박을 넘어서서 참된 내적 자유를 얻게 되고, 그곳에서 삶과 세계의 근원인 신을 만나게 된다.

그런데 자신을 비우고 신에게 끊임없이 다가설 수 있는 것은 인간이 지닌 '영혼의 불꽃'이라고 하는 내면의 정신과 힘 때문이다. 감각이나 일상적인 지식은 단지 사물의 피상적·부분적 측면만을 형식적으로 관찰한다. 반면에 이 '불꽃'은 사물의 원리를 직접적으로 보는 직관적 앎을 가능하게 해준다. 모든 사물의 원리를 찾아 '길 없는 길'을 꾸준히 걸어가는 사람은 이 불꽃에 의해 완성 단계에 도달할 수 있다. 이 완성 단계에서 모든 사물과 자신을 버린 인간은 드디어 신과 하나 되어 찬양할 수 있다. "신이 내 안에 계시고, 나는 신 안에 있으며, 내가 내 자신을 전적으로 내놓고 그분의 작용에 내맡기면 맡길수록 나는 더욱 신 안에 있게 된다." 비록 신과 완전히 동일한 것은 아닐지라도 그분과 하나 된 사람은 실재에 대해 새로운 통찰에 이르게 된다. 신이 내 마음 안에서 탄생하고 나는 모든 것 안에서 그분을 발견할 수 있다. 에크하르트에 따르면, 신은 인간의 순수하고도 맑은 내면적 고독 안에서만 그 모습을 드러낸다. 그 고독 안에서 신의 '아늑함'을 느낀 사람은 일상적인 삶의 무수한 구속에서 벗어날 수 있다. 그렇게 되면 명상적인 삶vita contemplativa과 활동적인 삶vita activa 사이에 아무런 차이도 없게 된다. 따라서 신과의 일치를 발견한 사람의 삶은 단순해진다. 따라서 자기 자신·세계·신과의 일치를 발견한 사람의 삶은 단순해져 오직 "살기 위해서 산다".

단죄받은 영적인 스승

신과의 합일에 관한 에크하르트의 가르침은 많은 이에게 신에게로 나아가는 훌륭한 지침이 되었다. 그러나 그는 '영혼의 불꽃'이 '창조되지 않은 것'이며, "영혼은 신과의 일치를 통해서 마치 빵이 그리스도의 몸이 되듯이 신으로 변한다"라고 말했다. 이러한 표현들은 범신론을 주장하는 것으로 의심을 받았다. 그의 심오한 신앙 체험에 기초를 둔 비유적인 표현이 당대의 사람들에게 근본적인 오해를 불러일으켰던 것이다. 에크하르트가 사용한 이율배반적인 표현들은 냉정하고 객관적으로 사태를 서술하는 데만 익숙한 스콜라 학자들에게는 너무 낯설고 이단적으로 들렸다.

결국 그는 동료 수사의 고발로 1326년 쾰른의 추기경이 주관하는 종교재판에 회부되었다. 재판 과정 중에 신의 본질의 유일성을 삼위일체 위에 놓은 것, "피조물은 존재를 가지지 않는다"라는 것과 같은 주장도 비판을 받았다. 에크하르트는 문제시된 표현들에 대해 자신이 덧붙였던 설명을 결백의 근거로 제시하며 스스로를 변호했다. 그 표현들이 비유적인 것이라고 해명했지만 아무런 효과도 보지 못했다. 그는 아비뇽에 체류하던 교황에게까지 불려간 끝에 의심의 일부는 해명할 수 있었다. 그렇지만 끝내 재판이 끝나는 것을 보지 못하고 1328년에 세상을 떠났다. 결국 1329년 3월에 내려진 판결은 그의 작품들에서 발췌된 28개의 문장을 단죄했다.

그러나 죽음 이후에도 에크하르트에 대한 존경은 이어져 독일 신비주의, 쿠사누스의 신학과 철학, 셸링과 헤겔을 포함한 독일 관념론 사상체계 등을 거쳐 현대의 하이데거에 이르기까지 엄청난 영향을 끼쳤다. 에크하르트는 자신의 사유를 일정한 사고체계의 틀에 담으려 하지 않고, 특정한 종교적 전통과 의식을 뛰어넘어 절대자 신에게 도달하는 길을 찾으려 했다. 그렇기 때문에 종교 다원론 시대에 더욱 많이 연구되어야 할 학자로 주목받고 있다. 특히 그는 단순한 지식이 아니라 구체적인 삶을 통해 신과 일치하려고 노력했다. 이러한 그의 태도는 삶과 지식의 일치를 강조했던 동양의 다양한 전통과 연결되는 지점이기도 하다.

마이스터 에크하르트는 위기에 빠진 한국 사회를 위한 종교의 역할을 되돌아보게 한다. 우리나라의 종교들은 최태민이 만든 '대한구국선교단'식의 수많은 구국기도회나 구국법회 등을 여는 것을 재고해보아야 한다. 정의를 무시하고 집권자의 입맛에 맞는 행동을 함으로써 개인이나 교단의 부를 축적하는 이들은 종교의 가르침을 포기한 자들이다. 제대로 된 종교라면 진정으로 추구할 종교적인 가치가 무엇인지를 끊임없이 성찰하고, 이를 통해 상처받은 민심을 어루만져야 한다. 이러한 위안은 이성을 배제한 종교 체험으로부터가 아니라 이성적 반성을 넘어서는 통합적인 가르침으로부터 나와야 한다. 우리는 에크하르트가 강조한 '영혼의 가난함'과 '공손함'을 통해 가난한 이웃에게 애덕을 실천할 때에야 비로소 완성의 단계로 다가갈 수 있을 것이다.

ch 22

국가의 이름으로 국민의 삶을 유린해도 좋은가

월리엄 오컴

　"많은 사람들이 모여 한 국가가 생기는 것이다. 대한민국 주권은 국민에게 있고, 모든 권력은 국민으로부터 나온다." 이 말은 영화 「변호인」의 명대사로 많은 관객들에게 감동을 주었다. 그 영화의 배경이 된 '부림 사건'처럼 1975년 11월 중정이 발표한 '학원침투 북괴간첩단' 사건이 새롭게 조명되고 있다. 부림사건으로 억울하게 옥살이를 한 이들이 2016년 12월 15일 무죄를 선고받았기 때문이다. 이 사건 당사자인 김명수 목사는 "감옥을 출소했지만, 지난 40년 동안 창살 없는 감옥에 갇혀 있었다"라며, "억눌린 감정 속에 살아왔는데 이제야 해방감을 느낀다"라고 소감을 피력했다. 유죄 선고 후 41년 만이다. 이 사건 조작을 진두지휘한 인물이 김기춘 전前 청와대 비서실장이다. 그는 박근혜-최순실 게이트 사건 조사에서도 드러났듯이 자신이 한 일을 국가를 위한 직무수행이라고 주장한다. 도대체 '국가'의 이름으로 국민의 삶을 철저히 유린하는 일이 어떻게 정당화될 수 있을까? 중세 후기에도 이른바 '보편적 가치'를 지킨다고 자처하는 이들의 폭력성에 학문적으로 반기를 든 인물이 혜성같이 등장했다. 그가 바로 '오컴의 면도날'Ockham's razor이라는 문구로 유명한 윌리엄 오컴William of Ockham, 1285?~1349이다.

스콜라 철학 체계 비판 : 신앙과 이성의 분리

윌리엄 오컴은 프란치스코 수도회 회원이며 옥스퍼드 대학 교수였다. 그는 캔터베리의 안셀무스, 토마스 아퀴나스 등에 의해 완성된 스콜라 철학이라는 사상체계를 맹렬히 비판했다. 그런데 오컴은 자신이 행한 비판을 통해 신앙을 파괴하려 한 것이 아니라 신앙이나 신학의 순수성을 지키고 회복하려는 목적을 지녔다. 스콜라 철학의 목표는 '신앙과 이성의 조화'였는데, 오컴은 소중한 신앙이 자칫 어설픈 이성적 설명으로 인해 웃음거리가 되어서는 안 된다고 믿었다. 그는 스콜라 철학이 충분한 성과를 거두지 못한 이유가 이성이 개입해서는 안 될 영역을 다루었기 때문이라고 생각했다. 따라서 그는 신앙과 이성을 극단적으로 분리하여 이성이 신앙의 성소聖所에 뛰어드는 것을 경계했다. 그가 이러한 사고방식으로 기운 것은 스콜라 신학과 철학 내부에 있던, 이미 창조성을 결여한 논쟁 때문이었을 수도 있다. 대체로 이처럼 결실 없이 이루어지는 끝없는 논쟁은 이성이 개입해서는 안 될 영역으로 뛰어든 결과로서 빚어진 것이라고 생각되었다.

결국 이성은 유효하게 인식이나 논증을 할 수 있는 영역, 즉 경험의 영역으로 사용이 제한되었다. 이런 경향에 따라 오컴은 신의 존재나 속성

중세 후기 철학의 대변혁을 가져온 윌리엄 오컴. 그는 스콜라 철학의 금과옥조이자 최대 목표였던 '신앙과 이성의 조화'를 비판하고 오히려 신앙과 이성의 철저한 분리를 주장. 이성이 신앙의 성소에 뛰어드는 것을 경계했다.

진리의 토대는 '개체'임을 주
장한 오컴. 중세 보편논쟁은
온건실재론으로 일단락되는
듯했지만, 중세 후기 페스트
의 창궐은 거대한 사상체계
와 같은 '보편'보다는 직접적
인 현실 속에서의 각 개체의
중요성을 강조하여 유명론(唯
名論)의 부활을 가져왔다.

에 대한 것을 계시된 진리로 받아들였다. 그렇지만 신학적인 내용과 연
관된 과거의 철학적인 논증에 대해서는 이의를 제기했다. 그의 주된 비
판은 이른바 '경제성 원리'(사유절감의 원칙)에 따랐다. 보다 적은 것으로
도 충분한 경우에는 보다 많은 존재나 원인을 요청해서는 안 된다는 원
리였다. 오컴은 둔스 스코투스 Johannes Duns Scotus, 1266~1308 가 먼저 발걸음을
내디딘 개체성에 대한 강조와 비판정신을 더욱 극단적으로 전개해나갔
다. 그러나 오컴은 지나치게 보편적인 정신을 가진 스코투스가 "너무 많
이 증명하려 한다"라고 하여 그도 "옛 사람들에 속한다"라고 명시적으
로 비판했다.

오컴은 이미 옥스퍼드 대학에서 강의할 때부터 천재성을 인정받았다.
그러나 교수 자격을 받기 전인 1324년 교회의 가르침에 맞지 않는 이론이라는 이유로 고소를 당했다. 결국 이단 혐의로 아비뇽 교황청에 소환되었다. 그로 말미암아 젊은 나이에 교수로서의 길을 마감했다. 체계적인 논리학 저서들, 『아리스토텔레스의 '자연학' 주해』, 미완성인 『명제집 주해』를 포함해 거의 모든 철학적·신학적 주요 작품들은 교황청에 소환되기 이전에 저술된 것이다.

그는 나중에 신변의 위협을 느껴 바이에른 왕 루트비히 4세Ludwig IV, 1282?~1347의 궁정으로 도피했다. 그곳에서 오컴은 정열적으로 왕과 교황 사이의 정치적인 논쟁에 참여했고, 왕에게 유명한 말을 남겼다고 한다. "당신은 검으로 나를 보호하시오. 나는 당신을 펜으로 보호할 것입니다." 1347년 루트비히가 사망한 이후 오컴은 교황청과의 화해를 모색하며 자신의 주장을 철회했으나 얼마 지나지 않아 뮌헨에서 페스트에 걸려 목숨을 잃었다.

사회의 위기를 맞아 부활한 유명론

오컴의 목숨마저 빼앗아 간 페스트 때문에 유럽 인구의 3분의 1이 목숨을 잃었다. 페스트를 비롯해서 추운 날씨에 따른 기근, 계속되는 전쟁 등의 대재앙은 종교에 대한 관심을 극도로 끌어 올렸다. 죄의식은 팽배했고 이를 극복하기 위해 채찍질 고행 등도 마다하지 않았다. 그런데 튼튼한 아비뇽 궁에서 자신들의 기득권만 지키려던 고위 성직자들은 다양한 재앙에 대해 두려움을 느끼는 신자들에게 위안을 주지 못했다. 이렇게 교회가 제 역할을 못하자, 사람들은 교회가 약속해온 인류 구원과 영생에도 의심의 눈길을 보내기 시작했다. 공허하고 보편적인 이상보다도 개인의 생명과 현세적 삶이 훨씬 더 중요하게 부각되었다.

　이런 분위기 속에서 스콜라 철학 초기에 해결되었던 보편논쟁이 새롭게 제기되었다. 12세기 아벨라르두스는 보편적 이념이 중요하다는 보편실재론과 개별적 개체가 중요하다는 유명론 사이의 대립을 해결하고자 온건실재론을 제시했다. 토마스 아퀴나스를 비롯한 대부분의 학자들이 온건실재론을 받아들이면서 보편논쟁은 일단락되었다. 그러나 중세후기 페스트 때문에 극단적인 위기가 닥쳐오자 토마스 아퀴나스의 『신학대전』으로 상징되는 거대한 사상체계는 일반인들에게 더 이상 관심의 대상이 되지 않았다. 이때 유명론자들의 주장이 새롭게 주목받았다. "가장 중요한 것은 개체들이다! 하나하나 개체들의 생명만이 소중하지, 과거 스콜라 철학자들이 만들었던 거대한 체계는 사상누각에 불과하다. 보이지 않는가, 우리의 처참한 현실이?"

　이런 비판에 동조하며 오컴은 보편적 실재를 면도날로 잘라내듯이 제거해버렸다. 개체들은 다른 사물의 존재와 상관없이 생각될 수 있다는 점에서 절대적인 사물로 간주되었다. 그 결과 '개체들'이 진리를 보장하는 척도가 되었고, 보편에 대해 우위를 차지했다. 오컴이 볼 때는 사물에 대한 직관적 지식이 추상적 지식보다 우월했다. 더 나아가 오컴은 자신의 유명론에 따라 치밀한 논리학 체계를 새롭게 구성했다. 이를 토대로 신학과 철학에서 전수된 문장들을 철저하게 언어적으로 분석했다. 이 문장들은 새로운 의미로 해석될 수 있었다.

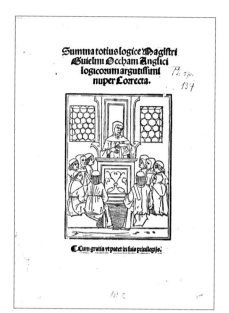

1508년 베네치아에서 출간된 오컴의
『논리학 대전』. 이 책은 '오컴의 면도날'
로 요약되는 그의 논리학적 사유가 잘 드
러나 있다. 코페르니쿠스와 마르틴 루터,
르네 데카르트를 비롯한 근대의 여명을
가져올 사상적 단초들이 엿보인다.

오컴 철학의 빛과 그림자

이런 분석적인 태도는 과학에도 영향을 끼쳐 과학 탐구에 가장 적극적
이었던 옥스퍼드 대학은 오컴의 이론을 적극적으로 수용했다. 그의 지
지자인 오컴주의자들은 이른바 '근대파'moderni를 형성하고, 전통적 실재
론을 따르는 '고대파'antiqui와 격렬하게 대립했다. 신학, 철학, 자연과학을
망라하여 여러 학파들은 극단적으로 대립했고, 실재에 대한 궁극적인 탐
구보다는 자신들의 입장을 정당화하기 위한 논리를 다듬는 데에만 치중
했다. 파리를 비롯한 여러 대학들은 논쟁과 혼란의 중심이 되었다. 스콜
라 철학 융성기에 이룬 위대한 종합들은 맹목적인 주해가들과 도발적인
비판가들을 통해 점차 와해되고 더 이상 결실을 거둘 수 없게 되었다.

또한 신비주의와 유사하게 오컴은 윤리적인 선을 오직 행위자의 '의도'에서 찾았다. 그러나 이 행위의 의도는 토마스 아퀴나스에게는 단지 윤리적인 판단의 여러 관점 가운데 하나에 지나지 않았다. 오컴은 신의 절대적 자유를 철학적·신학적 설명의 원리로 자주 사용했다. 신이 모든 피조물을 자유로이 창조했기 때문에 피조물을 자기 마음대로 처리할 수 있다는 것이다. 그러나 이런 신에 대한 관념은 신이 폭군처럼 느껴질 위험을 안고 있었다. "왜 선한 이들이 고통을 당하는가"와 같은 의문조차 신이 절대적인 자유로 결정했다라고 답하면 그만인 셈이다. 이에 따라 "신이 결정한 것, 그것이 곧 선이다"라는 주장과 같은 반이성주의 경향이 서서히 퍼져 나갔다.

오컴은 신앙을 지키기 위해 신앙과 이성을 분리했지만, 그의 추종자들은 새롭게 자유를 얻은 이성 쪽에 더 큰 관심을 보였다. 14세기 중반이 지나면서 신앙과 지식 사이의 불화가 점점 커갔다. 중세에 들어서며 다양한 방식으로 조화를 찾던 신앙과 이성은 이제 갈라져 각자의 길을 찾아 나섰다.

물론 유명론자들이 아무리 개인의 권한만 강조한다고 하더라도 보편적인 가치를 완전히 무시할 수는 없다. 역사적으로 국가를 위해 희생한 영웅들이나 종교를 위해 목숨을 바친 순교자들은 추앙받아 왔다. 우리는 실제로 국가라는 공동체에서 완전히 벗어나 살아갈 수도 없다. 또한 국가의 몰락은 아무 잘못이 없는 개별 국민에게도 엄청난 피해를 준다.

문제는 소중한 보편적 가치를 지키기 위해 허용한 권한과 권력을 몇몇 개인이 자신의 사적인 이익을 탐하는 데 사용함으로써 발생한다. 이런 태도는 중세가 끝나고 근대에 발흥한 절대 왕정의 왕에게도 허용되지 않았다. 하물며 모든 국민에게 평등한 자유를 헌법으로 보장하는 시대에 이런 일이 발생하는 것은 결코 용납될 수 없다. 그럼에도 국민의 권한을 이양받은 정치인들과 검사들은 종종 국민을 현혹하고 정당한 저항을 억누르기 위해서 보편적인 가치를 남용해왔다. 어떠한 개인도 보편적 가치에 부여된 권력을 사유화해서는 안 된다. 오컴은 국가와 자유 등 보편적 가치를 외치는 모든 이에게 그 말이 의미하는 바가 무엇인지를 진지하게 성찰하라고 요구한다. 통치자의 말이 공허하지 않으려면, 국민이 그가 약속한 정책의 결실을 실제로 체험할 수 있어야 한다.

ch 23

언어와 권력
라틴어로부터 해방된 지역 언어

최근에 한국의 대학들은 영어로 하는 강좌를 많이 개설하기 위해 안간힘을 쓰고 있다. 대학 평가 순위를 높이고 국책 사업에 선정되기 위한 노력이다. 그 배경에는 영어 강좌가 글로벌 시대에 적합하고 각 대학의 경쟁력과 우수성을 나타내는 잣대라는 생각이 깔려 있다. 그러나 학생들은 여러 이유로 영어 강좌를 기피하고, 어쩔 수 없이 영어로 강의하는 교수들도 그 효과를 의심하고 있다. 영어 강좌의 개설을 강요하는 분위기에 대해 깊이 있는 성찰이 필요한 때이다. 이렇게 영향력이 커져가는 영어가 도달하고 싶은 절대적 위치에 이미 도달했던 언어가 있었으니, 그것이 곧 중세 시대의 라틴어이다. 로마 제국의 공용어였으나 사어死語로 전락했던 라틴어가 어떻게 중세 시대에 그렇게 강력한 힘을 지니게 되었을까?

235

교회와 학문의 언어가 된 라틴어

5세기 게르만족의 이동에 의해 서로마 제국이 멸망한 후 이른바 '이해할 수 없는 말을 하는 이들'barbarian이 정치적 주도권을 잡았다. 로마인이 피지배 민족으로 전락하자 라틴어도 문어文語로만 사용되면서 점차 죽은 언어死語가 되었다. 그런데 자칫 역사 안에서 사라질 뻔한 라틴어는 의외의 방식으로 살아 남았다. 게르만족이 그리스도교로 개종하면서 전 유럽으로 수도원이 퍼져 나갔는데, 그 수도원에서 기도와 성경 연구를 위해 계속 라틴어를 사용했던 것이다. 수도원 학교에서는 라틴어를 일상생활을 위해 사용하지는 않았지만 읽고 쓰기를 가르쳤다. 이렇게 부활한 라틴어는 카를 대제의 교육개혁을 통해 학문 용어로 자리 잡았다. 개혁을 주도한 앨퀸은 라틴 문헌을 보존했고, 라틴어를 체계적으로 교육할 기초를 마련했다. 이 과정에서 예전에 산발적으로 사용되던 지역 라틴어가 교과서와 법령에 사용될 공식 라틴어로 통합되었다. 이로써 라틴어는 서유럽 전체의 공용어 및 외교어로 정착했다.

중세 라틴어 사용의 빛과 그림자

13세기 무렵에 서양 최초의 대학들이 설립되면서 라틴어는 영향력을 확대할 기회를 얻게 되었다. 유럽의 모든 대학에서 강의가 라틴어로 이루어졌던 것이다. 교수들이 볼 때 대학의 모든 가르침은 성스러운 것이었다. 그렇기 때문에 세속적인 지방 언어로 교육해서는 안 되었다. 더욱이 라틴어는 이미 오랫동안 교회의 언어, 신학의 언어였다. 그래서 교황은 교황청 직속 대학들이 라틴어를 사용하도록 적극적으로 장려했다. 이처럼 중세의 라틴어는 단순히 학문을 배우고 가르치는 수단이 아니라 그 시대의 이상과 가치를 담고 있었다. 또한 공통의 언어와 커리큘럼 덕분에 중세의 '자유로운 지식인'들은 이 나라의 대학에서 저 나라의 대학으로 자주 이동했다. 학생이든 교사든 다른 대학으로 옮기더라도 그때까지 배운 지식이나 획득한 교수법을 쉽게 활용할 수 있었기 때문이다. 이러한 지식인들은 서유럽 전체의 문화적 동질성을 유지하는 데 크게 기여했다.

그러나 중세 라틴어에는 분명히 한계도 있었다. 지역에 따라서는 문맹률이 90퍼센트를 훌쩍 넘었다. 따라서 라틴어 사용자는 종교인과 일부 세속적인 지식인에 국한되어 있었다. 또한 라틴어가 학문의 언어가 된 이유는 라틴어로 기록된 그리스도교 문헌과 그리스-로마 문화를 대표하는 고전들이 지혜의 원천으로 이상화되었기 때문이다. 이런 고전들이 영원하고 보편적인 이상을 지녔다고 칭송되면서 개별적인 지역 문화들은 종종 폄하되곤 했다. 이상화된 고대 문화 앞에서 스콜라 학자들은 열등감을 느꼈다. 12세기에 그들이 고대 문헌들을 집중적으로 연구하게 되었을 때 고전 라틴어를 그대로 모방함으로써 현학적이고 어색한 라틴어를 유행시켰다.

중세 라틴어 사용의 그림자가 짙어지면서 이를 극복하려는 노력도 등장했다. 13세기에 아리스토텔레스의 문헌 등 연구해야 할 내용들이 폭발적으로 늘어나자, 학자들은 '간결하고 정확하게 학문적 내용을 전달'하려는 목적으로 라틴어를 사용했다. 이렇게 '간결한 라틴어'를 사용한 대표적인 예는 토마스 아퀴나스의 『신학대전』이다. 14세기 이후 고유한 문화에 자부심을 지닌 지식인들(단테, 루터, 데카르트 등)이 지역 언어로 책

단테와 『신곡』. 중세 후기에 들어오면 자신들의 고유한 문화에 자부심을 가진 지식인들(단테, 루터, 데카르트 등)이 등장하기 시작하여 라틴어의 독점적인 지위는 흔들리기 시작한다.
도메니코 디 미켈리노(Domenico di Michelino, 1417~91)의 「단테의 '신곡'」(1465)

을 쓰는 일이 늘어나면서 라틴어는 독점적인 지위를 위협받게 되었다.
하지만 이 과정은 매우 느리게 진행되었다. 그래서 초기 작품을 라틴어로 쓴 칸트가 살았던 18세기 중반까지 학술적 문헌을 라틴어로 기록하는 관행이 이어졌다.

중세 라틴어와 현대 영어의 차이점

중세 서구에서 라틴어가 맡았던 역할을 요즘에는 영어가 맡고 있는 형국이다. 그러나 영향력이 막대한 보편적 언어라는 면에서는 동일해 보이더라도 그 상황과 배경은 매우 다르다는 점이다.

라틴어 이후 일시적으로라도 세계에서 가장 영향력이 컸던 언어는 스페인어였다. 스페인어는 짧은 시간 안에 방대한 식민지에서 사용되는 제국의 언어가 되었다. 이어서 대영제국이 식민지를 확장하자, 영어를 사용하는 지역이 급속히 팽창했다. 프랑스와 독일 등도 제국주의의 대열에 합세했고, 이와 동시에 유럽 각 지역의 언어에 대한 연구도 활발해졌다. 이런 변화 안에서 라틴어가 아니라 지역 언어를 통해 개별 민족이나 국가의 정체성과 자존심을 세울 수 있다는 자신감이 생겨났다.

근대 이후의 지역 언어가 특정 국가 권력과 밀접하게 연관되어 발전한 데 비해 중세 라틴어는 적어도 한 국가나 민족의 이익을 대변할 위험성은 적었다. 사어가 된 라틴어는 모든 이에게 동등하게 '외국어'였던 것이다. 단지 새로운 지식을 얻고자 하는 열망을 지닌 자들이 국가나 민족의 간섭 없이 중세 학교Schola에서 라틴어를 배우고 가르쳤다. 이 시대에 라틴어는 고대와 중세를 이어주고, 가치를 대변하고, 이상을 지켜주었다. 또한 개별 국가나 특수 집단의 한계를 넘어 모든 지식인들이 상호 소통하는 역할까지 해냈다.

외국어 교육과 고유 문화에 대한 자부심

중세 라틴어는 고대 학문에 담긴 보편적 이상을 수용하는 수단인 동시에 세계와의 소통 가능성도 높여주었다. 이처럼 외국어를 잘한다는 것은 어느 시대에서나 중요하고 권장할 일이다. 물론 우리나라에서도 시간과

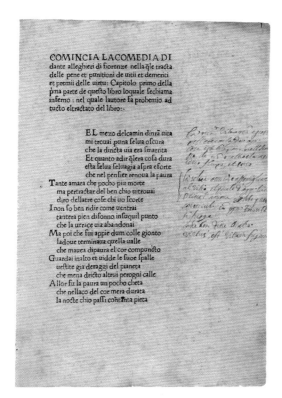

단테의 『신곡』 인쇄본 초판의 제목 부분. 이 작품은 라틴어가 아니라 토스카나 방언으로 적혀 이탈리아어의 생성과 발전에 지대한 영향을 끼쳤다.

공간을 넘어 소통할 수 있도록 외국어 교육이 필요하다. 그렇지만 국가가 대학에 학문 분야와 관계없이 영어 강좌를 종용하는 것은 완전히 다른 문제이다. 대부분의 점령 지역에서 아직도 대표적인 공용어로 쓰이는 스페인어, 영어, 프랑스어 등의 언어들은 제국주의의 역사적 잔재인 셈이다. 더욱이 우리나라는 일본 제국주의에 의해 일본어 사용을 강요당했던 역사를 체험했다. 현대 사회에서는 이러한 강요는 사라졌지만 세계를 지배하는 신자유주의가 더욱 교묘한 형태로 영어의 사용을 부추기고 있다. 그래서 일부학자는 영어 강좌를 종용하는 경향을 "글로벌이란 개념에 대한 환상과 경쟁에 대한 신념이 만들어낸 자기학대적인 현상"(서보명,『대학의 몰락』)이라고 비판한다.

영어가 만병통치약이라도 되는 듯 착각하는 현상 앞에서 우리는 중세 후기 지성인들이 지역 언어로 저술하며 이루려던 바가 무엇인지를 진지하게 성찰해야 한다. 그들은 각 지역의 개별 언어로 자신의 사상을 표현함으로써 고유 문화를 보존하고 발전시키려는 주인의식을 보여주었다. 대학에서는 외국어 능력 배양에 앞서 선공 분야에 대한 확실한 전문적 지식과 포괄적인 문제 해결능력을 획득해야 한다. 사회 전반에서는 국적불명의 영어를 남발하는 풍조를 피하고 우리의 고유 문화를 소중하게 보존할 필요가 있다. 이것이 성공한다면, 현재 유행하는 한류 현상처럼 외국인들도 우리의 고유 문화에 관심을 기울일 것이다. 중세 후기 지성인들이 주체적으로 근대를 준비하며 지역 언어로 대표되는 고유 문화를 보존하려 했던 노력은 우리에게도 귀감이 된다. "좋은 것만으로 이루어진 획일성보다는 다양한 것들이 어우러져 있는 것이 더욱 아름답다"(『참된 종교』XXX)라는 아우구스티누스의 말을 마음에 새겨야 하지 않을까.

유럽을 뒤덮은
'죽음의 춤'

2016년 겨울, 온 국민은 들려오는 뉴스에 경악했고, 온 나라에는 걱정하는 목소리가 가득 찼다. 그런데 「도깨비」라는 드라마 한 편이 그 틈을 비집고 들어와 큰 관심을 끌었다. 주인공인 '도깨비'는 방망이를 들고 있는 흉측한 모습이 아니라 보통 남자들은 소화하기 힘든 롱코트가 어울리는 멋진 모습으로 대한민국의 여심을 훔쳐갔다. 그 옆에서 그에 못지않은 매력을 자랑하는 '저승사자'가 나머지 여심을 사로잡았다. '영화보다도 더 영화 같은' 현실에 실망한 국민들은 차라리 도깨비와 저승사자에게서 위안을 얻으려 했던 것일까? 그런데 중세 말기에는 이렇게 멋진 모습이 아니어도 전 유럽인들의 허탈한 마음을 사로잡은 존재가 등장했다. '죽음의 춤'danse macabre에 등장한 해골들이다. 중세 말기에 세워진 건축물들 가운데 상당 부분은 해골들이 춤추는 연작 그림들로 장식되었다. 유럽인들은 흉측하기 이를 데 없는 백골들에게 왜 그렇게 열광했던 것일까?

퇴폐적 향락과 채찍 고행단이 공존한 중세 말기

페스트와 끊임없는 재앙이 목숨을 위협했을 때 종교에서조차 희망을 찾지 못한 사람들이 빠져든 것은 퇴폐적인 쾌락이었다. 어차피 곧 죽을지도 모를 운명이라면 몸과 마음을 사로잡는 열정을 통해서라도 두려움을 잊고자 했을 것이다. 중세 말기 춘화春畵 수준의 그림들은 당시 사람들이 얼마나 육체적 쾌락에 탐닉했는가를 잘 보여준다. 조반니 보카치오 Giovanni Boccaccio, 1313~75 의 『데카메론』에 실린 에피소드에도 이 당시의 분위기가 그대로 나타나 있다. 페스트를 피해 숨어든 귀족들이 풀어 놓는 이야기에는 위선적인 성직자와 귀족들이 벌이는 일탈이 적나라하게 묘사된다. 또한 중세 말기에 나타난 사치품에 대한 지나친 집착은 일종의 도피주의라고 설명할 수도 있다. 끊임없이 죽음과 접해야 했던 귀족들은 우아한 예절, 성대한 장치, 현란한 의상 등 비현실적인 세계로 도피함으로써 정서적인 위안을 구하려 했다. 한편 그러한 사치품을 얻을 수 없었던 귀족 이외의 사람들은 대중적 구경거리, 이를테면 거지들에게 흙탕물 속으로 돼지를 몰게 한 후 이를 즐기며 위안을 구하곤 했다.

이렇게 방탕한 생활과는 정반대로 극단적인 고행을 통해 두려움을 잊고자 하는 이들도 나타났다. 도처에 만연한 죽음의 기운은 사람들로 하여금 양심을 들여다보게 했다. 신이 인류의 죄를 벌했으므로 사람들은 마땅히 죄에 대한 보속을 해야 한다는 주장이었다. 유랑하던 탁발 수도사들은 현세적인 가치를 조롱했고, 죽음 뒤에 심판이 있다는 사실을 강조했다. 더 나아가 다가오는 재앙을 피하기 위해 극단적인 방식으로 회개를 강조하는 '채찍 고행단'들이 나타났다. 이들은 알몸인 채로 십자가를 들고 찬송가를 부르며 못이 박힌 채찍으로 자신의 몸을 내려치면서

죽음과 향락의 세기말적 분위기가 동시에 발현한 중세 말기. 페스트와 끊임없는 재앙이 인간의 목
숨을 위협하자 종교에서조차 희망을 잃은 사람들은 한편으로 퇴폐적인 향락 속에 빠져 들었으며,
다른 한편으로는 도처에 만연한 죽음의 기운 속에서 인간의 양심을 들여다보게 했다.
대(大) 피터르 브뤼헐(Pieter Brueghel, 1525~69)의 「죽음의 승리」(1562년경)

마을과 도시를 돌아다녔다. 채찍으로 수없이 맞은 몸에는 피가 흥건했다. 그들은 몸을 쾌락의 수단이 아니라 뉘우침을 표현하는 도구로 사용했다. 이와 유사한 사이비 종교 집단이 흑사병과 함께 프랑스, 오스트리아, 네덜란드, 영국, 스웨덴 등지로 퍼져 나갔다. 이렇게 극단적인 형태는 아니더라도 온 마을이 그리스도의 수난을 기억하는 연극에 참여함으로써 페스트를 피하려는 신심운동도 유행했다. 신자들의 깊은 사랑을 받던 성모상의 모습에도 변화가 일어났다. 성모 마리아도 더 이상 예쁜 아기 예수를 안고 있거나 천상 모후의 관을 쓴 모습으로 그려지지 않았다. 십자가에서 내려진 예수의 시신을 무릎에 놓고 비탄에 잠겨 있거나 심장에 수많은 칼이 찔린 모습으로 그려졌다.

'죽음의 춤'에서 표현된 인간 유한성의 자각

'중세의 가을'에는 육체적인 욕망이나 종교적인 회개에 대한 광기마저 식어갔다. 세속에서 누리는 그 모든 쾌락이나 열광은 죽음과 함께 "모두 덧없이 지나가리라"라는 성찰이 나타났기 때문이다. 죽음에 대한 중세 말기의 강박관념은 조각, 프레스코, 그리고 서적의 삽화에서도 찾아볼 수 있다. 그것들은 보는 이들로 하여금 인생의 무상함과 지옥의 고통을 연상케 했다. 13세기까지만 해도 무덤 위 장식에는 고위 성직자와 기사, 그리고 귀부인들이 이승의 풍파를 벗어나 신과 함께 고요하게 안식하고 있는 모습이 새겨져 있었다. 그러나 1402년 추기경 라그랑주Lagrange가 죽자, 아비뇽에 있는 그의 무덤에는 반쯤 썩어 들어간 시체의 모습이 조각되었다. 14세기 말에는 이따금 벌레나 두꺼비 또는 달팽이 같은 징

그러운 동물들이 썩은 살을 먹어치우면서 시체 속으로 파고드는 모습을 조각한 무덤들이 등장했다. 어떤 무덤의 비석에는 그 무덤을 구경하는 사람도 언젠가 "악취를 풍기는 시체, 구더기의 먹이"가 될 것이라는 문구가 기록되어 있기도 하다.

1400년경에는 유럽 예술에서 새로운 주제인 '죽음의 춤'이 인기를 끌게 되었다. 낫을 들고 히죽거리는 저승사자가 우아하고 건강한 사람들을 끌고 가는 모습, 해골이 살아 있는 사람들과 뒤섞여 있는 장면이 되풀이하여 묘사되었다. 그 장면은 시칠리아에서 스웨덴에 이르기까지 전 유럽의 수많은 교회 벽에 그려졌고, 최초로 인쇄된 몇 권의 책에서도 목판 삽화의 형태로 나타났다.

'죽음의 춤'의 기원은 논란의 여지가 있지만, 이 주제는 「세 명의 산 자와 세 명의 죽은 자」라는 설화에서 유래된 것으로 추정된다. 이미 13세기부터 퍼져 나간 이 설화는 '세 명의 귀족이 어느 날 들판에서 말을 달리다가 세 구의 해골과 만나는 내용'을 담고 있다. 해골들이 자신들에게 두려움과 공포를 느끼는 산 자, 즉 귀족들에게 말을 건넴으로써 대화가 시작된다. 잠시 후 귀족들은 해골들에게 누구시냐고 물으며 가르침을 청한다. 해골들은 귀족들에게 "우리도 과거에는 당신들과 같았고, 당신들도 머지않아 우리처럼 될 것이오"Quod fuimus estis, quod sumus eritis라고 말한다. 이 주제는 먼저 벽화 형태로 묘사되었다가 차츰 기도서를 비롯한 여러 종류의 필사본과 판화 및 제단화로 확산되었다. 설교자 및 종교기관들은 '죽음의 춤'을 이용하여 당대인에게 죽음은 언제 찾아올지 알 수 없고 피할 수 없는 것임을 알려주었다. 아울러 지옥의 고통과 심판에 대비하여 선행을 베풀며 살라고 호소했다.

이러한 가르침은 앞서 13세기에 유행했던 '바도 모리'Vado Mori라는 후

페트라르카가 그린 죽음의 승리를 나타내는 목판 삽화. 메멘토 모리(Memento mori)! 여기에서 죽음은 신분에 상관없이 모든 사람들을 추수하고 있다.

렴구가 달린 시에도 담겨 있었다.

> 나는 죽으러 간다네.(Vado mori)
> 죽는다는 것은 확실하다네.
> 죽음보다 더 확실한 것은 없다네.
> 다만 그 시간이 언제일지 불확실할 뿐이라네.
> 나는 죽으러 간다네.
> • 서울대학교 중세르네상스연구소, 『중세의 죽음』

이 시에는 국왕과 교황 이하 각 신분의 대표들이 차례대로 등장하는데, 그들 모두 불가피하게 임박한 죽음 앞에서 인생의 무상함을 탄식한다. 마찬가지로 '죽음의 춤'에도 신분의 고하를 막론하고 모든 인간에게 삶의 무상함과 더불어 죽음 이후를 두려워하라는 경고가 담겨 있다.

중세 말기의 '죽음의 춤'은 어떠한 권력이나 명예나 부를 지닌 인간이든 죽음 앞에서는 너무나 무력하다는 가르침을 준다. '죽음의 춤'은 중세 말기 개인과 사회의 세속화 경향에 맞서 죽음의 의미를 종교적·사회적으로 일깨워준 것이다.

종교적으로는 인간이 죽을 수밖에 없는 존재임을 깨우쳤으며, 사회적으로는 죽음이 지니고 있는 공평함을 통해 당대의 신분적 질서를 비판했다. '죽음의 춤'을 보면서 우리도 "수의에는 주머니가 없다"라는 가르침을 되새겨보아야 하지 않을까?

| 맺음말 |

    현대인들은 인간 이성이 중심을 이루었던 근대정신의 강력한 영향 때문에 신앙이란 개인적인 정감 정도로만 생각하기 쉽다. 따라서 많은 사람들이 신앙이란 인간 이성과는 전혀 관계없는 것, 또는 관계되어서도 안 되는 것처럼 생각하기 쉽다. 이런 발상은 사이비 종교들의 범람, 기성 종교 안에서도 비이성적이고 비상식적인 일들이 만연하는 결과를 낳고 말았다. 그러나 중세, 특히 스콜라 철학은 '신앙과 이성의 조화'를 가장 중요한 목표로 내건 바 있다. 역사상으로는 신앙과 이성의 관계에 대한 많은 논란과 변화가 있었다. 예를 들어 교부철학 시기에는 신앙만을 강조하는 테르툴리아누스 같은 교부와 신앙과 이성의 조화를 추구한 알렉산드리아학파로 크게 구별되는 현상이 나타났다. 니케아 공의회 등을 통해 이성을 수용하는 것이 주류를 이룬 바 있다. 계속해서 스콜라 철학 초기에도 변증론자와 반변증론자 사이에 논쟁이 벌어지는 가운데 캔터베리의 안셀무스가 이 논쟁을 해결할 실마리를 제공했고, 토마스 아퀴나스의 『신학대전』은 '신앙과 이성의 조화'를 가장 잘 실현한 대작으로 평가

받고 있다. 그러나 중세 후기에 들어서면서 오컴은 신앙의 권위를 보존하기 위해서 어설픈 이성적 논변의 개입을 거부했다. 이것은 루터의 '오직 신앙만으로'sola fide라는 주장으로 이어짐으로써 개신교와 가톨릭 사이의 근본적인 신학관의 차이로 남아 있다. 많은 철학자는 오컴으로부터 시작된 신앙과 이성의 분리를 근대를 촉발한 것으로 칭송했다. 그러나 도구적 이성으로 자연을 억압해온 인간 이성의 독립을 반드시 긍정적으로 보아야 할지는 여전히 깊이 성찰해 보아야 한다.

2016년 가을, 위임받은 권력을 사유화한 대통령과 그 곁에 있던 '비선 실세'들이 공적 재단이라는 간판 뒤에 숨어서 사리사욕을 채우려 한 사실이 드러났다. 이후 우리나라는 큰 혼란에 빠져들고 말았다. 부당한 방법으로라도 이권을 지키려던 재벌들이나 입시 부정을 행한 교수들도 줄줄이 특검에 소환되었다. 이러한 충격적인 사태도 빙산의 일각에 지나지 않았다. 우리나라는 지난 10년 동안 이어진 정책 실패로 이미 뒤죽박죽이 되어 있었다. 그러나 4대강 개발, 개성공단 폐쇄, 최고의 실업률 등 정책 실패에 대한 자성의 목소리는 찾아볼 수 없다. 더욱이 '세월호 사건'과 그 이후 정부가 보여준 태도에서는 무능과 비도덕성이 극명하게 드러났다.

국가 전체를 혼란에 빠지게 만들고도 자신이 무엇을 잘못했는지를 모르는 대통령과 무조건적으로 이를 감싸는 맹목적인 추종자들이 아직도 목소리를 높이고 있다. 이들은 어떻게든 기득권을 지키고 자기 책임을 면하기 위해 수단 방법을 가리지 않는다. 이런 모습을 보며 국민들은 더 큰 좌절감을 느끼게 된다. 과연 이들이 '양심'을 지니고 있는지조차 의심스러워진다. 양심의 가책을 전혀 느끼지 못하므로 당연히 부끄러움의 흔적도 발견할 수 없다. 오히려 이러한 실패를 주도했던 이들은 종종 국민을 현혹하며 정당한 저항을 억누르기 위해서 국가안보나 애국심 같은 보편적인 가치까지 남용해왔다.

지금껏 살펴본 중세의 사상들은 이러한 우리나라의 현실을 근본적으로 성찰하게 한다. 아우구스티누스는 『신국론』에서 "정의가 없는 국가란 거대한 '강도 떼'에 지나지 않는다"라고 질타했다. 토마스 아퀴나스는 『신학대전』에서 "인간은 자기 자신의 양심을 올바르게 형성해야 할 책임을 진다"라고 가르쳤다. 이 가르침에 따라 큰 혼란을 초래하고서도 아무런 양심의 가책을 느끼지 않는 이들은 지탄받아 마땅하다. 토마스는 이완된 양심에 기대어 뻔뻔한 태도를 유지하는 이들에게 자연법과 지혜, 정의, 믿음, 사랑 등의 덕 등을 성찰 기준으로 제시한 바 있다. 오컴은 자신의 유명론을 기반으로 보편적 가치를 외치는 모든 이에게 그 말이 의미하는 바가 무엇인지를 진지하게 성찰하라고 요구했다. 더욱이 중세 말기의 '죽음의 춤'은 어떠한 권력이나 명예나 부를 지닌 인간이든 죽음 앞에서는 너무나 무력하다고 가르쳤다.

그렇다면 중세 문화와 사상을 성찰함으로써 얻은 이런 단서들은 어떻게 구체적으로 우리의 현실에 적용될 수 있을까?

1,000만 명 넘는 사람이 참여한 촛불집회는 우리 사회의 주목할 만한 현상이었다. 특히 어린 자녀와 함께 참여한 가족이 많았다. 아마도 부모들은 자녀들에게 진정한 민주주의를 교육시키고 싶었을 것이다. 마찬가지로 스콜라 철학을 태동시킨 카를 대제도 자신의 대제국이 진정으로 발전하기 위해서는 교육이 발전해야 함을 절감했다. 그는 조급해하지 않고 나중에야 꽃피게 될 학문적 기초를 마련하여 교육이 '백년지대계'百年

之大計임을 분명히 보여주었다. 또한 그의 조력자 앨퀸은 사심 없이 자신을 희생하여 교육을 쇄신했다. 이러한 교육의 발전은 12세기 말부터 설립된 중세 대학에서 풍성한 열매를 맺었다.

중세 대학은 시초부터 '학문과 진리에 대한 사랑'을 중시했고, 이것이 외부 권력에 의해 침해되었을 때는 '자유를 위한 투쟁'에 망설이지 않았다. 이와는 대조적으로 우리나라에서는 '개혁'을 주도한다던 교육부와 이를 맹목적으로 추종하던 대학 당국이 진정한 학문 발전보다는 시장경제의 논리만을 추종했다. 결국 대학은 취업 준비 기관으로 변신을 강요받았고 기업의 논리로 운영되었다. 더욱이 예전보다 더욱 교묘하게 자본을 통해 통제됨으로써 대학은 본래 목적조차 상실하기에 이르렀다.

이제 대학 교수를 비롯한 교육자들은 앨퀸과 같이 자신이 추구해야 할 이상을 뚜렷이 자각하고 눈앞의 작은 이익에만 매몰되지 않아야 한다. 한편 교육당국과 학부모는 카를 대제와 같이 인내심을 가지고 교육의 열매가 숙성되기를 기다려주어야 한다. 취업률이나 진학률과 같은 어설픈 기준으로 교육기관을 경쟁으로만 몰아가서는 안 된다. 중세 대학만 해도 공통된 라틴어를 사용하면서도 각 대학의 고유성을 유지했다. 우리도 각 교육기관의 특성을 살리면서 시너지 효과도 낼 수 있는 연구 및 교육 공동체를 새롭게 구성해야 한다.

서구 세계가 12세기에 아리스토텔레스의 사상을 재발견했던 과정이나 중세 후기에 라틴어 대신 지역 언어로 저술했던 과정도 우리 사회의 문화를 개혁하는 데 시사해주는 바가 크다. 대저 알베르투스와 토마스 아퀴나스와 같은 온건한 아리스토텔레스주의자들은 우리의 멘토가 될 수 있다. 이들은 '보수적 아우구스티누스주의'처럼 선입관을 가지고 아리스토텔레스의 견해를 반대하지도 않았고, '극단적 아리스토텔레스주의'

254

처럼 무비판적으로 수용하려고 하지도 않았다. '전통에 근거한 주체의
식'을 보존하면서도 '새로운 사상에 대한 열린 마음'을 지녔던 이들은
우리에게도 귀감이 된다.

단테와 같은 중세 후기 지성인들은 각 지역의 개별 언어로 자신의 사
상을 표현함으로써 고유 문화를 보존하고 발전시키려는 주인의식을 보
여주었다. 우리도 한편으로 유럽뿐만 아니라 전 세계의 다양한 문화에
대한 열린 마음을 지니고 있어야 한다. 다른 한편으로 사대주의에 빠져
국적불명의 영어를 남발하는 풍조를 피하고 우리의 고유 문화를 소중하
게 보존할 필요가 있다.

촛불 민심에서 드러난 바와 같이, '상식이 통하는 국가'가 되기 위해서
는 지식인과 언론인, 그리고 종교인의 책임이 지대하다. 이제 사회 지도
층은 국가 위기에 대한 공허한 핑계를 식별하고 진정한 원인을 찾아내
야 한다. 아우구스티누스는 지금도 우리에게 『신국론』을 통해 질문을 던
진다. "우리 각자는 과연 '정의가 실현되는 참다운 국가'와 '정의가 없는
강도 떼 같은 국가' 가운데 어디에 속하는가?"

우리나라는 놀라운 열정으로 근대화를 이루어냈다. 그렇지만 그 과정
을 거쳐 오면서 유례없는 갈등에 시달리고 있다. 중세의 역사 안에서는
화합이 불가능해 보이는 의견 차이를 치열한 지성적 토론으로 극복했던
과정을 만날 수 있다. 스콜라 철학 초기에 변증론자는 이성적인 규칙에
대해 탐구하는 변증론을 바탕으로 신학적인 결론까지 확정지으려 했다.
이에 반하여 반변증론자는 철학을 "악마의 발명품이나 신학의 시녀"라
고 폄하했다. 캔터베리의 안셀무스는 '신앙과 이성의 조화'를 강조하여
이 논쟁을 해결했다. 12세기 아벨라르두스는 보편적 이념이 중요하다는

보편실재론과, 개별적 개체가 중요하다는 유명론 사이의 대립을 해결하고자 온건실재론을 제시했다. 또한 중세 대학에서는 상이한 견해들이 열띤 토론을 통해 합의를 이루는 놀라운 성과를 거두었다. 이제 우리도 대학과 언론이 제 역할을 하면서 철저한 토론을 통해 '다양성 안의 일치'를 추구해야 한다.

중세에 벌어진 사건들은 이미 수백 년 전에 완결되었기 때문에 변화시킬 수 없다. 그러나 이를 바라보는 시각은 때로는 편견에 의해 왜곡될 수 있고, 때로는 다양하게 해석되며 새로운 성찰로 다가올 수 있다. 중세야말로 "만화경과 같이 다양한 모습을 지닌 정신적·문화적 보화가 가득 담긴 보물창고"라고 부를 만하다. 중세처럼 지나간 역사와 문화가 이와 같다면, 유동적이거나 진행 중인 사태에 대한 해석과 판단은 더욱 신중해야 한다. 안타깝게도 우리 사회에서는 지역감정, 종북 성향, 성적인 차이, 외국인 노동자 및 새터민 등에 대해 너무나 쉽게 판단을 내리고 이를 확신하는 경향이 많다. 지나간 중세조차 다시 볼 수 있다면 진행 중에 있는 우리 사회의 각 부문들에 대해서도 '다시 보는' 성찰의 계기가 지속적으로 마련되기를 기대해본다.